北大清华最高效的学习方法

高考状元学习成绩暴增法全解读

BEIDA ZUIGAOXIAO DE XUEXI FANGFA

林汶奎◎著

SPM
南方出版传媒
广东经济出版社
·广州·

图书在版编目（CIP）数据

北大清华最高效的学习方法/ 林汶奎著. —广州：广东经济出版社，2016. 6

ISBN 978－7－5454－4457－5

Ⅰ. ①北…　Ⅱ. ①林…　Ⅲ. ①中学生－学习方法Ⅳ. ①G632. 46

中国版本图书馆 CIP 数据核字（2016）第 048894 号

出 版 人：姚丹林
责任编辑：萧广华
责任技编：许伟斌
封面设计：李桢涛

出版发行	广东经济出版社（广州市环市东路水荫路 11 号 11～12 楼）
经销	全国新华书店
印刷	广东省农垦总局印刷厂（广州市天河区棠东横岭三横路 11－13 号）
开本	730 毫米×1020 毫米　1/16
印张	12. 5
字数	192 000 字
版次	2016 年 6 月第 1 版
印次	2016 年 6 月第 1 次
印数	1～4 000 册
书号	ISBN 978－7－5454－4457－5
定价	35. 00 元

如发现印装质量问题，影响阅读，请与承印厂联系调换。
发行部地址：广州市环市东路水荫路 11 号 11 楼
电话：（020）38306055　37601950　邮政编码：510075
邮购地址：广州市环市东路水荫路 11 号 11 楼
电话：（020）37601950　营销网址：**http://www. gebook. com**
广东经济出版社新浪官方微博：**http://e. weibo. com/gebook**
广东经济出版社常年法律顾问：何剑桥律师

前　言

每年报考北大清华的学生数以万计，而这两所大学录取的学生数却只有区区几千人。所以每年都有几十万的高考生无法实现他们的北大、清华梦。那么，那些想要考进北大、清华的学生要怎样才能在“残酷”的高考中脱颖而出呢？这就要求他们必须学会一种好的学习方法，只有好的学习方法，再加上学生自身的努力，才能在高考当中取得优异的成绩，进入自己理想的大学，比如北大、清华。

我们经常把中学时代比喻成学习的“黄金时代”，之所以会这样比喻是因为无数的事实证明：在中学时代打基础的深度会对以后所达到的高度有直接的影响。当然，这个基础是全面的，包括学生德智体美的综合发展。其中，学习方法更是重中之重——科学的学习方法可以帮助学生更好地掌握知识、提升学习能力。“工欲善其事，必先利其器”，高效的学习方法可以让学生受益无穷。

在刚步入中学的时候，大多数学生都处于同一起跑线。但是，经过几年的学习，结果却大不相同：有的学生成功了，考入了理想的大学，欢天喜地；有的学生却在高考当中失利，名落孙山。造成这种结果的原因可能有多种，但是，其中最重要的一个原因就是有的学生没有掌握科学的学习规律、原则和方法。

科学高效的学习方法可以让学生在学习的过程中少走很多的弯路，提高学习质量，减轻过重的学习负担，促进身心的健康发展。中国青少年研究中心的副主任孙晓云曾说：“学生掌握科学高效的学习方法比在考试中取得好成绩更为重要。广大的中学生可以让自己的学习方法成为一种良好的习惯，那将是更高的学习境界，因为习惯是一种稳定、自动的学习方法。学生只有养成良好的学习习惯和掌握科学高效的学习方法才能在考试中取得理想的成绩，考入理想的大学。”毕业于北京大学的著名心理学家、高考研究专家中科院博士生导师王极盛教授，也多次在著作中反复强调学习方法对学生的重要性。他认为，自身的勤奋和高效的学习方法是所有高考状元以及考入北大清华的学生具备超强实力的主要原因。

根据现行的中学生课程标准规定的学习内容，只要是智力正常的学生都可以顺利地完成中学学习任务。可是，在现实的生活中，还是存在很多中学生无法完成学习任务、在高考当中不能取得理想的成绩的情况。这往往不是由学生的智力、学习态度或者是学习环境等因素造成的，而是因为这些学生没有掌握适合自己的科学、高效的学习方法。

以语文学习为例，有很多中学生在学习语文时，通常是零敲碎打、长期处于不知从何下手的状态。如果保持这样的学习状态又怎能提高语文成绩呢？学好语文的关键在于多读多写、把所有的知识点理顺归类。而在学习数学时则应勤做多练、学会举一反三，而不是机械地背诵原理和公式。有的学生在升入中学以后，却还保留着小学时的学习方法，课前不预习、课后不复习，只是在课堂上被动地听老师讲，也不主动地去寻找适合自己的学习方法……这样的学生往往不会拥有好的学习成绩。我们要知道，预习和复习是学习过程中很重要的学习方法。

在众多的教学实践中，我们可以发现这样一个现象：许多考上清华大学、北京大学等重点高校的学生在谈及他们的学习方法时，都会不约而同地提到“错题集”。那么，错题集到底是怎样帮助这些学生在高考当中取得好成绩的呢？原来在这些学生的错题集上不仅记录了他们平时在考试当中和做练习的过程中的错题及解题思路和解题技巧，还涵盖了他们所涉猎的大量的课内外参考资料、报刊书籍中搜集到的经典例题。这种错题集存在针对性强、实用性高、覆盖面广、选材独到、区分度大、切题率高的优点，而正是因为具备这些优点，错题集才可以帮助很多学生考进北大清华的。

高中的学习是紧张的，特别是高三复习的阶段。所以有些高三的学生会选择“开夜车”的方式来延长学习时间，但是这样容易造成学生在第二天听课效率不高，进而起到适得其反的学习效果。而有的学生善于利用一些零碎的时间学习，这样的学生往往在考试当中能取得很好的成绩。所以说，善于合理安排学习时间也是中学生提高学习成绩的一个重要学习方法。

本书为想要考进北大清华的学生详细介绍了预习学习法、复习学习法以及纠错学习法等十四种不同的学习方法，通过讲道理、谈方法，以及集合了众多考入北大清华的学生学习的案例，从正面回答了中学生在学习过程中出现的大量问题，对于中学生提高学习成绩方面有很大的帮助。综合来说，这本书具有以下几个突出的特点。

（1）主要针对中学生在学习过程中经常会遇到的问题，分析原因并给出了相应简单、高效的解决办法。

（2）把很多考进北大清华的学生的学习经验进行了归纳和总结，供想要考进北大清华的学生参考。同时也介绍了许多行之有效的学习方法，供学生借鉴。

（3）用最简洁、最通俗的语言，集结了最真实的案例和最高效的学习方法，让学生在阅读本书的时候快速掌握多种学习方法与技巧，并在实际的学习中得到有效的运用，使自己的学习成绩得以快速提升。

相信，本书可以让想要考进北大清华的学生在短时间内，轻松学到最实用、最有效、最全面的学习方法，从而提升自己的学习成绩。

目　录

Chapter 1

预习法：

在『圈圈点点』中提高学习效率

预习是学生在课前进行的一种自学行为，是在老师讲授新的知识之前，提前独立自学新知识的过程。预习的目的是初步了解新课内容，为正式上课打基础。作为学生日常学习的一个重要组成部分，预习是学习新知识的前奏曲。

预习能培养一个人的自学能力和独立思维能力；提高学习效率、开拓思路；提高记课堂笔记的水平；增强课后记忆；增加探究知识的欲望等。

在不同阶段要采用不同的预习方法和技巧

因为课前预习直接影响听新课的效果，所以要下足功夫，不能马马虎虎对付了事。

预习根据时间和内容分为课前预习、阶段预习、学期预习。

（1）课前预习。课前预习是上课之前提前预习下一节课的内容，也叫分节预习。课前预习的范围是下一节老师要讲的内容，基本在前一天晚上进行。北京大学中文专业学生程磊进行课前预习时，会先仔细阅读相关内容，使其在大脑中留下一些印象，然后再做一些相关笔记。笔记的内容主要是新出现的概念、定义、词句、释义等。这样，在第二天上课时就能把主要精力放在理解和思考方面。

课前预习能提高记课堂笔记的水平。由于预习时提前了解了教科书的内容，所以程磊记课堂笔记时会重点记下教科书上没有或者自己尚不理解、不清楚的部分和上课时老师反复强调的重点内容，做到听得主动、学得更主动。应该说，课前预习是把学生从盲目做课堂笔记中“解放”出来的妙招。

课前预习特别能培养一个人的自学能力。因为课前预习是学生独立阅读教科书中的新内容，通过查阅字典或者其他工具书，自行理解问题、解决问题的过程。

许美善是吉林省 2008 年的高考文科状元。虽然是文科生，但是她的数学成绩远远好于一般理科生。那么，她学好数学的秘籍是什么呢？她的秘籍就是先预习、后听课。预习时，她会先认真地看一遍内容，初步理解新课的基本内容。然后，她会一边看数学教科书、一边思考新课中的内容哪些是重点、哪些是难点、有没有新旧知识的交叉点等。如果有不能释疑的问题，她会在一旁用醒目的红颜色笔画上问号，留到课堂中解决；如果遇到想不起来的知识，她会重新查看和复习，直到把它弄明白为止；还有一些仍然看不懂的地方，她会重点把它们记下来，第二天上课时认真听讲。

因为主次分明，注意力集中在不懂的问题上，即使是学习像数学这种以逻辑思维为主，连续性严密，语言既不形象也不生动的一门“枯燥乏味”的学科，许善美也可以取得事半功倍的学习效果。

（2）阶段预习。阶段预习是预习下一阶段要学习的内容，也叫分章预习或者专题预习。进行阶段预习通常会用一个比较完整的时间段，把下一阶段要讲的一章或者几章的新课内容提前预习一遍。阶段预习一般在休息日进行。

阶段预习是一种宏观的、综合的预习。它的主要目的是了解一整块知识的脉络和体系，对即将要学习的新课从整体上进行浏览，以便获得初步印象。阶段预习一般以一章或者一个单元为单位进行预习。比如数学的一章、语文的一个单元；像历史、地理等学科的预习，要截取某一个相对完整的朝代或相对独立的区域作为阶段预习的目标。

程磊在进行阶段预习时，通常采取读目录、看标题、读概述、读提示语等“粗线条”的办法来梳理知识。通过查看章节目录的标题，他能做到对全书或者某一个章节的内容有个大致的了解。由于一些章节之下还写着各章节的重点，并简明扼要地介绍了本章节的中心思想，比大标题还具体，所以他会认真阅读这部分内容。

（3）学期预习。学期预习是利用开学前的假期，通过浏览整本书的内容，预习下学期的内容，从整册教材的角度了解不同学科的知识体系，做到心中有数。进行学期预习的主要目的是提前了解下学期要学习的新知识体系，根据自身的具体情况，利用假期进行一些知识上的准备工作。学期预习不仅能提高学习的自觉性，还能做到立足整体，高瞻远瞩。作为预习的最高境界，学期预习不但对时间有很高的要求，而且对学生自学能力的要求更高。通常，学期预习在寒、暑假里集中进行。

许美善采用了学期预习方式，尝到了不少甜头。高一时，她的日语成绩不是很好，为了扭转这一被动局面，她充分利用高一暑假，提前预习了下学期的内容。到读高二时，她的日语成绩就有了质的飞跃。

从此，每到寒、暑假，许美善都会用整个假期时间，进行学期预习。预习学科也从单一的日语，扩展至地理、数学、语文。她时常用“笨鸟先飞早入林”这句话来激励自己。学生不仅要有预习的意识，更要做一个有预习习惯的人。

学期预习就像侦察活动，要战胜对方就得先了解他的底细。如果不提前进行学期预习，上课时就缺乏具体目标牵引，或者具体任务驱动，从而缺少学习主动性。这样，就容易出现上课走神的现象。而学期预习则做到了知己知彼，防止出现上课走神的现象，提高了听课效率。

“你都提前做好学期预习了，以后上课还需要认真听讲吗？”对于这样的疑问，许美善说这是对学期预习的一种误解。学期预习是一种掌握新知识的提前准备，预习期间肯定有很多搞不懂的知识点，这需要等到上课时认真听老师讲解，才能解决。

听课的过程中，提前进行学期预习者与没有进行学期预习者的最大区别就是前者是带着疑问去主动听课，整个听课过程既轻松又能迅速抓住学习重点；而没有进行学期预习的后者则是眉毛胡子一把抓，不但听起课来很吃力，而且听课的效果也不会很好，最终会影响作业完成的质量。

即使在预习时全部知识点都弄懂了，也可以按照老师讲的顺序，尝试回忆已经预习过的知识点，这对提高记忆力是很有帮助的。学习是一套复杂的程序，环环相扣。只有事先做好了学期预习工作的学生，听课时才有更多的主动性，学习效率也会得以提高。正如程磊经常说的一句话：“预习是合理‘抢跑’，如果一开始就‘抢跑’领先，取胜的把握就更大。”

课前预习、阶段预习、学期预习是学习的序曲，是上课的前奏曲，是每一位成绩出类拔萃的顶尖学生必备的导航图。

预习的时候，在不同的学习阶段要采用不同的预习方法，同时也要合理安排预习时间。什么时间段采用什么样的预习方法、每次要花多少时间进行预习，都要有精心的打算。只有安排好预习时间并运用相应的预习方法，预习才会奏效，才能收到事半功倍的学习效果，从而顺利实现人生理想。

课前预习：提高学习成绩的秘密武器

课前预习的主要目是初步了解新课的基本知识和思路；找出新课中自己暂时还不理解的问题。听课有了针对性，就能提高听课质量。

清华大学精密仪器系学生刘畅，一直很重视课前预习。刘畅一般前一天晚上预习第二天要学的新课，这样第二天正式上课时对新课内容就会有个大致的印象。遇上难度大的新课，他就多花一些预习时间；难度不大的就少花一些预习时间。那么，要选哪一门学科进行预习呢？刘畅的做法是选择那些自己学起来比较吃力的学科进行课前预习。等尝到甜头，积累了一些经验后，在时间允许的前提下，再逐渐增加其他学科，直到全面铺开为止。

如果你以前没有课前预习的学习习惯，突然要对所有学科都进行课前预习，时间肯定不够用，会弄得自己十分紧张，而预习效果也不会太好。所以，不妨采用先尝试后展开的课前预习方法。

刘畅对预习时间的安排是这样的，时间多，就多预习几门学科，通过深入钻研，找到知识点之间深层次的关系；时间短就少预习几门学科。他说预习一定要在完成当天作业之后，这么做不会扰乱正常的学习秩序，也可以取得好的预习效果。

预习就是要先了解教科书的内容，并对其进行初步处理和加工，为新课的顺利听讲扫清“障碍物”。刘畅一般把课前预习过程分为四个阶段。

第一个阶段是复习旧概念，理解新概念的过程。预习新课时，刘畅一般会先把新课内容通读一遍，然后用笔画出书上的重点内容，遇到需要查工具书的问题时他就查工具书，需要做笔记的就记下来。如果出现查不清、理解不透的问题时，他便把它们单独记下来，以便第二天听课的时候，能迅速找到答案。

第二个阶段是初步理解新课的基本内容和思路，再结合学过的知识点，连贯整个知识线，画全知识“版图”。

第三个阶段是找出书中重点，用几句话概括起来，记在教科书上方空白处，而难点则用红笔集中写在教科书的下方。暂时还无法理解的部分，记在笔记本上，这样带在第二天上课时，看着醒目的重点、难点、疑点听讲，他就很容易跟上老师的节奏，从而解决掉疑问，提高课堂效率。

第四个阶段是尝试性地做一做课后练习题，以检验本次的预习成果。

在预习高中语文课中的文言文时，刘畅采用的是自身独创的六步预习法。

第一步是读。通过默读或者轻声朗读几遍文言文，画出其中的生字、难词、难句。

第二步是查。通过查找工具书，为生字注音、为难词注解、释义。

第三步是抄。通过抄写文言文，加强记忆。抄写文言文时他采用写一行空三行的方法，留一些空白地方。

第四步是填。在空行的相应位置上写明查找的生字注音、难词注解释义；

第五步是重读。多读几遍文言文，通过反复朗读背难句和特殊句式的注解、释义。

第六步是综合思考。在上述预习六步的基础上，想一想本文创作的时代背景历史意义和现实意义，初步归纳本文的主题思想，弄明白作者通过创作本文想表达的意思等。

凭着独创的语文六步预习法，刘畅学习语文几乎没有费什么力气。尤其是晦涩难懂的文言文，很多同学都对其头疼不已，但他学习起来却游刃有余，掌握自如。

如果同学们觉得语文预习六步法太繁琐，可以简化其程序，采用语文四步预习法。

第一步是默读。默读课文，查看词句的注释，在教科书上画出生字、生词和不好理解的句子。

第二步是利用好工具书。查工具书给生字注音，给生词注释释义，解决一些独自可以解决的问题。

第三步是轻声朗读。看完课后练习题后带着疑问轻声朗读课文，已经理解的部分和暂时未能理解的画出不同的记号，做一些必要的眉批。这样第二天听课时，对照老师讲的内容就能分清主次，可以快速解决问题，使学习效率提高。

第四步是做总结。每次预习结束的时候，尝试归纳本课的中心思想、段意、人物描写的特点、表现手法等，第二天与老师的讲解做对比，加深印象。

选用适合自身的课前预习方法，在上新课时对老师的启发性提问就会反应迅速，记课堂笔记时也能抓住重点，从而牢牢地掌握所学知识。

表格预习法：把预习落到实处

在使用表格预习法前需先自行设计预习表格，在表格中写明要预习具体章节的重点、难点内容和暂时还没有理解的部分，以及本章节和其他章节之间的联系等。

表格预习法是将所学知识内容化难为易、化繁为简的学习方法。如果运用得当，不但能体现出明确的学习目标，提高学习效率，还能取得良好的预习效果。

表格预习法的优点是简单明了、重点突出。但使用表格预习法不能简单地采用千孔一面的表格和笼统的做法，应该根据每个科目的不同特点，设计一些每个科目专用的表格。

北京大学中文系学生韩杨在进入大学前自行设计了一系列的预习表格，表 1 是他自行设计的中学语文预习表格，表 2、表 3 是他自行设计的中学英语预习表格。

韩杨的中学语文预习表如表 1 所示。

表 1　语文预习表

生词	文体	作者简介	作者作品介绍	本文中心思想	作品诞生背景	作品的历史意义

如果是预习文言文，韩杨再加上字、词、句，并利用工具书查找它们的注解、释义，然后写进预习表格内。第二天上课时和老师讲的内容相比较，如果有不全面或者遗漏的，她会及时进行补充；如果有难懂的字、词和句，自己一时无法独自解决，她就一一列出来，记在笔记本上，第二天上课时认真听课，直到将它们解决为止。

韩杨的中学英语预习表如表 2 所示。

表 2　英语预习表

生词	音标	词义	词性	词组	同义词	反义词

英语时态标志词汇表如表 3 所示。

表 3　英语时态标表词汇表

过去进行时	一般过去时	
	过去进行时	
	过去完成时	
	过去将来时	
现在进行时	一般现在时	
	现在完成时	
	现在进行时	
将来进行时	一般将来时	
	将来进行时	

韩杨预习英语的时候，如果遇上典型的句子，她就单独附加例句表格，把句子都写进去，以便查找和背诵。

韩杨的语文和英语预习表格，乍一看几乎一模一样，但因为学科不同，所以承载的预习内容也不一样。她设计的预习表格，内容全面、重点突出、分类合理，进行预习的时候，按照表格的思路走，基本可达到预期的学习目标。而受益于表格复习法，她也实现了考入北京大学的愿望。

设计预习表格时，韩杨还建议在表格的最后一栏里一定要加上一个备注栏。这样到了课堂上，就可以把老师讲到而自己预习时忽略的或者自己没有想到的内容补充进来。

韩杨编制好预习表格后，会再重新审核预习表格，用不同颜色的笔标出大小不一的星号来区分不同知识点的难易和重要程度等。第二天上课的时候主攻那些提前标好的五星级问题；等到复习时，就可以参照预习表格中所写的内容一一进行复习。

古人常说："凡事预则立，不预则废。"其实，学习也一样。对新课提前进行预习，脑海中会有个印象、大纲，第二天听课时就会知道哪些是重点、哪些是难点、哪些是自己已经明白的、哪些是暂时还没有明白的。可以说，这种驾驭知识的能力是每一位学生都必须具备的能力，韩杨就是凭借这种能力考上北京大学的。

韩杨使用的表格预习法有以下五个优点。

（1）表格预习法有利于培养和提高自学能力。预习是学生独立接受新知识、完成阅读、进行思考的过程，即自学课程的过程。自学能力的强弱，对于一个人的学习效果起很大的作用。古往今来，大多有成就的人物都是靠自学成才的。当今社会科学技术的发展十分迅速，知识更新换代的周期越来越短，通过学校教育只能获取一部分知识，大量的新知识要靠自学来完成。因此，在校学习期间开始培养自学能力，将终身受益。

（2）表格预习法有利于提高听课的效率。一节新课所讲的内容是在原有的知识基础上，增添新的内容、做出新的推论。通过预习，复习已学过的知识，把注意力集中到新的知识点上，从而有效提高听课效率。

运用表格预习法的时候，要把看不懂的知识点单独列出来，这样，听课的目的就会非常明确，听课的效果自然就会很好。

（3）表格预习法有利于巩固知识。通过表格预习法独自弄懂的内容，很难被遗忘；即使没有弄明白的问题，经过一番思考，在第二天听课时也会豁然打开思路，将问题弄明白，并经久不忘；预习中如果出现理解上的错误，在第二天听课的时候可以予以及时的纠正，而因为有了正反面的对比，印象也会更深刻。

（4）表格预习法能及时扭转被动学习的局面。经过预习重新复习旧知识，因此听懂了新知识。这样就会减少课后重新看书的时间，加快写作业的速度。表格预习法看似白白浪费了一部分时间，可是时间一长，便有了可利用的“大块”时间，从而可以进行系统复习，使学习成绩快速提高。

（5）表格预习法可以提高记课堂笔记的水平。由于预习时提前了解了教科书的内容，所以老师讲的内容书上有没有，自己心里会一清二楚。这样，就可以根据表格预习法填写的内容，在第二天上课时重点记录教科书上没有的内容或自己暂时还不太清楚的部分，以及老师反复强调的问题，这样就摆脱了课堂上盲目记笔记的无序学习状态。

“粗线条”——不容忽视的阶段性预习法

进行阶段性预习时不要像进行课前预习那样仔细，其通常采用的方法是看标题、读目录、浏览概述、阅读结束语等，阶段性预习是抓住知识点的主要线条，除去过多小细节，所以它又被称为“粗线条”预习。

（1）通过阶段性预习，同学们会对某一章节有多少知识点、难度如何有一个大概的了解，从而做到听课时心中有数。

广西壮族自治区2005年高考状元何燕就是阶段性预习的受益者。她在进行阶段性预习之前先以单元为一个单位，合理划分出教科书中的所有内容。之后，她以每个单元为一个单位进行阶段性预习，预习结束后再对照提前制定的目标检查自己的预习效果。她根据教科书中每小节标题下面方框内的基本要求和每章结束后的“小结与复习”中列出的知识点和学习要求进行预习，最后再以它们为依据检测自己的预习效果。

为了更方便预习，心细的何燕还画出一种图表，在预习中将遇到的新概念、新原理、新公式和新课重点、难点、疑点等问题，用图表的形式列出来，然后仔细研究其中的深层次联系，找出它们之间的必然联系。

由于图表更直观化，所以，省时省力。正是得益于这种科学的预习方式，何燕考上了自己心仪已久的北京大学。

对于预习中出现的问题，能独自解决的，何燕会马上解决；不能及时解决的，她会记录下来，带着这些问题到课堂上认真听讲。由于学习目标非常明确，注意力也容易集中，不用费太多心思即可以解决心中的疑问，这样不仅学到了新知识，还能检查自己预习的效果，可谓一箭三雕。

阶段性预习，并不要求对即将学习的每一篇课文中的每一个知识点都熟悉掌握、熟练运用。

（2）阶段性预习法是以初步了解知识点为目的的一种预习方法。在使用阶段性预习法时，何燕采用粗线条式的浏览方法，对近期将要学习的课程内容做个大概了解。大多数学科她都是以单元为一个单位进行阶段性预习的，像历史、地理等承载知识点庞杂、关联性性强的学科，她则采用截取某个相对完整的朝代或者相对独立的阶段作为阶段性预习的单元。

何燕采用的阶段性预习法的程序是先粗读一遍教科书，结合目录，自拟预习大纲。然后根据每一个学科的特点和自身的要求以及以前的学习经验明确要进行预习的内容。最后结合课后练习题再细读教科书，确定每章、每节的重点内容和新出现的知识点，最终归纳每章、每节的重点内容，尽量准确理解基本概念、基本原理等基础知识。

何燕一开始运用阶段性预习法的时候，先选择一门学科试验，等初步积累出一定的经验后，又用此方法推广到其他学科，而且在预习过程中她不会纠缠于知识难点与难题。因为预习的目的不是精确地掌握细节知识，而是培养从整体上驾驭教科书所承载内容的能力。

预习完一个单元后，应该初步掌握基本概念，基本了解教科书的整体知识结构。上课时当教师讲到某一个知识点的时候，只要能明确这一知识点在整个知识结构中处于什么具体的位置，就基本达到了预习目的。

到北京大学读书后，何燕发现自己一直使用的阶段性预习法有了更大的用武之地。大学学习和中学学习有很大区别，北大的每一堂课都要讲授很多新知识，一节课下来，要看的教材内容往往几十页，所学内容基本要靠自己钻研；大学不像中学，课堂教学的比重少，教授们也不会刻意专门盯着学生们的学习，没有人严格监督学生的学习进程，学习的随意性很大；北大课程知识点多、难度大、讲课速度快、笔记多，如果不提前进行预习，很难跟上老师的教学节奏。

北大清华的学子学习时间主要靠自己安排、自己掌握，在学习上靠的是自觉性，学生之间相互比的也是自学能力，而预习就是自学的过程。如果想置身于世界一流大学，像何燕一样畅游在知识的海洋里，粗线条的阶段性预习方法也有借鉴之处。

巧妙的学习方法——符号预习法

相比其他预习法，符号预习法的巧妙在于预习时不再需要大段大段地重新记录教科书的内容，用简简单单的几个常用符号，经过圈圈点点教科书中的内容就能达到很好的预习效果。

2010年宁夏回族自治区高考状元张佳颖就是符号预习法的受益者。她在进行预习的时候，不是一门心思地只看教科书，而是在看的时候手里拿一支笔，随手把自己疑惑的、思考的、体会的东西，在教科书的空白处做一些简单的记号。例如，她觉得语言描写优美的，或者对自己有什么启发的句子，就用“~~~~~~”符号画出来；把课本中影响事件发展的关键人物和时间用“□”标出来；不认识的生字、生词，用“...”标出来，然后使用工具书自行查阅，在教科书上注解、释义；不好理解的句子、定义和定律她会用“____”标出来，并在旁边打上问号，本节课的重点内容她会用“。。。。。。”标出来……这样，当第二天听老师讲课时，她就会有针对性地去听课，能更深入细致地理解新知识。

张佳颖在预习初三语文《孔乙己》一文时，就利用符号预习法来帮助自己理解课文中心思想和记忆课文内容。孔乙己（□）是站着喝酒而唯一穿长衫的人。（？）他身材很高大，青白脸色，皱纹间时常夹些伤痕，一部乱蓬蓬的花白的胡子。穿的虽然是长衫，可是又脏又破，似乎十多年没有补，也没有洗。（？）他对人说话，总是满口之乎者也，叫人半懂不懂的。因为他姓孔，别人便从描红纸上的“上大人孔乙己（？）”这半懂不懂的话里，替他取下一个绰号，叫做孔乙已。

因为提前做足了准备，第二天张佳颖在听课的时候，带着疑问听讲，所以理解知识点的效率特别高——只要一看教科书中的符号，就知道哪些是不理解的，哪些是已经理解的，哪些是要用心听讲的，哪些是重点。

符号预习法不会占用太多的时间，又简单明了，让张佳颖受益无穷。正是凭借这个独特的学习方法，加之她的不断努力，最终考上了北京大学。

张佳颖说在使用符号预习法时，要注意几点：（1）切记一开始就在课本上写满密密麻麻的各种符号，而要留出一定的空间，方便以后在听课时进行补充。（2）在听课时，要及时记录自己遗漏或者没有想到的，但老师补充的新知识或者强调的重点内容，这样笔记就会做得更完整，掌握的知识就能更丰富。

经过多年的摸索，张佳颖总结出了符号预习法的六大优点。

（1）符号预习法可以培养自学能力和独立思维能力。因为进行预习的过程就是自己独立接受新知识、打开未知知识世界的过程，所以这其间需要进行独立阅读和思考。这样，就能逐步培养起较强的逻辑思维能力和驾驭新知识的能力。

（2）符号预习法直接提高课堂学习效率。通过预习及时发现自己的知识漏洞，再经过复习相关旧知识成功弥补知识漏洞，这样听课时就能集中精力学习新知识，从而连贯整个知识体系，这样有利于知识的长久积累。

（3）符号预习法能快速开拓学习思路。经过预习，难点、疑点和已经弄明白的单独列出来，对需要掌握的重点已经心中有数，听课时能很快跟上老师讲课的节奏，这样不仅容易打开思路，自己的思路还有可能跑到老师的思路的前面去。

（4）符号预习法可提高记课堂笔记的水平。老师在课堂上要讲的大部分内容在教科书上都有描述。由于提前做过预习，老师在课堂上讲的内容哪些教科书上有、哪些教科书上没有，自己心里清清楚楚地知道，所以记课堂笔记时，就能马上抓住重点内容，有选择地做好课堂笔记。

（5）符号预习法能增强课后记忆效果。预习时，不管对看得懂的知识还是看不懂的知识，经过自己的一番独立思考后，大脑中都会有一定的印象。而再经过第二天课堂上老师的讲解、分析和自己进一步的理解，印象就会加深。经过理解的知识很容易被记住，特别是经过深入钻研而攻克的知识最容易记牢。

（6）符号预习法能增加继续探究知识的欲望。带着预习中的疑问听课，就能开启心中对知识的好奇心和求知欲，调动学习积极性，从而牢牢掌握所学知识。

Chapter 2

听课法：

摸准讲课规律，掌握听课秘诀

听课是每一位在校学生一天学习的主要内容，对于在校的学生来说，老师的传授既是知识的头一道来源，也是一道重要来源。如果用心分析学习成绩顶尖的学生的学习方法就会发现，他们有惊人的相似之处——在上课时不会放过老师讲课时的每一个细节。时刻关注老师授课的每一个细节，能够帮助学生迅速打开学习思路，理解上课内容，增强各种认知能力。

上课的时候，既要认真听老师讲课，当好观众的角色，又要积极参与课堂讨论敢于发表自己的不同看法，当好演员的角色。只有这样才能摸准老师讲课的规律，掌握听课的秘诀，从而掌握学习的主动权。也只有掌握学习主动权的学生，才能在激烈的竞争中占据有利位置，脱颖而出。

听课时需要注意老师在授课中的每一个细节

学生学习成绩的优异与否，与其听课的质量密切相关。所以，听好每一节课对每一位学生来说非常重要。

福建省 2011 年高考理科状元谢若嫣平时很重视课堂听讲，尤其善于抓住老师在授课中的每一个细节。她是这样做的：

（1）在老师的质疑中学会思考。谢若嫣说有的老师授课喜欢用质疑教学法，即常常在课堂上问学生“某某原理能成立吗？”“这么做是对的吗？”“为什么没有这个条件，这条定律就无法成立？”谢若嫣解释说课堂教学中教师常常提出质疑是鼓励学生善于发现问题、找出隐藏的疑点，带着好奇心听课。因为心中有要找到答案的强烈的欲望，学生才会更集中精神听课，这样老师的授课效率自然会高一些。

宋朝大学者朱熹曾经说过：“学贵有疑，小疑则小进，大疑则大进。”因为学生有了疑问才会去思考；有了思考学习能力才会有所提高，进而提出富有创造性的建议。如果学生仅仅被束缚在教师的教案和课堂的圈子里，就压抑和扼制了其想象力和创造力。因此，成绩顶尖的优秀学生就应该巧妙地利用老师的质疑，大胆提问，积极思考，顺着老师的思路，解开谜底，找出答案。这种创造质疑情境，可让学生由过去的被动接受知识状态转为主动探索问题，成为学习的主人。任何梦想进入北大清华的学生都应该及时抓住课堂上老师提出的质疑，带着疑问，顺着老师的思路听课，这样就能抓住老师讲课的重点，找到问题的答案，提升学习成绩。

谢若嫣举了自己在初中学习几何学中“点与圆的位置关系”时的课堂案例。当时，教科书上简简单单写着点与圆的位置关系只有三种。数学老师在讲课时就问：“为什么点与圆只有三种位置关系？难道就没有别的位置关系吗？”然后，老师把提前画好的飞镖图案贴在黑板上，请同学们自愿上来把粉笔头当作飞镖，投掷粉笔头。有的粉笔头落在圆外，有的粉笔头落在圆内，有的粉笔头恰恰就落在了圆心。每投掷一次粉笔头，老师都会认真地在飞镖图案上画出一个点。

待学生们兴趣盎然地结束活动后，老师提问：投掷时你们最希望粉笔头落在什么位置？是离圆心近好还是离圆心远好呢？刚才你们投掷粉笔头时，它的落点与圆有几种不同的位置关系？粉笔头落点对圆心的距离与谁之间的关系将决定这个点与圆的位置关系？老师在课堂上提出的质疑，引起了学生们浓厚的学习兴趣，有的同学小声讨论，有的同学开始拿笔计算，而有的同学则尝试推导证明，课堂气氛十分活跃。这种带着质疑的学习方法把学生的全部注意力都吸引到了课堂教学中，让学生带着疑问听课，经过一番自己的思考找到答案，学到的知识往往长久难忘。

谢若嫣说课堂学习是在教师指导下主动地掌握知识、开拓思路、发展智力和培养能力的过程，也是学生获得知识的重要途径。学习成绩的好坏，很大程度上取决于课堂学习质量。所以在上课的时候，要注重老师所讲的每一个细节。

（2）注意老师讲课时一不留神带的“错误”。谢若嫣说有的教师讲课时一不留神会带“错误”，即讲了一半发现这种解题方法根本不对，或者即使讲到最后发现得到的答案还是错的。她说如果遇到这种情况，千万不要认为自己搭上很多时间和精力听课，得到错误的结果是白白浪费时间，或者是老师教学水平很差不能很好地给学生讲课，无法胜任本职工作。其实，这是老师的有意安排，是一个很有意思的讲课细节。

物理课上，老师经常把全班同学分成八个学习小组讨论一些问题。在解答某些题目之前，物理教师故意装成不明白或者提出一些错误的思路，让学生沿着这种思路继续探究，最终发现此路不通。容纳学生思维上的错误，让学生在“错误”中学会求异，最后引导学生在前后对比中找出正确答案。这种千回百转之后终于柳暗花明的授课方式，鼓励学生敢想敢做，能打开学生的思维方式，使学生学到不一样的思路，有了不同的学习对比和感受。即使最后发现错了也能明白为什么出错、到底错在什么地方、怎么改错、下一次怎么防止类似的错误再出现等。这种授课方法能加深学生的学习印象，使学生长久难忘课堂上学到的知识。

因为平时听课时十分关注老师讲课时的每一个细节，谢若嫣做到了当堂学、当堂消化所学知识。下了课，她也能很顺利地完成所有的作业，而剩下的“大块头”时间便用在预习和复习功课上。这样她及时梳理了已经学过的知识，再提前预习即将学到的知识，就打通了知识的连贯性。

谢若嫣笑言自己不是很聪明的人，也不是一天到晚只会捧着书看的人，只因为自己掌握了好的学习方法，在细节上下足了功夫，才取得了在别人看来想都不敢想的好成绩。

上课时努力做到与老师的思维同步

优秀学生的思维在上课时会一直跟着老师的思维走，即老师讲到哪里他们的思维就会跟到哪里。这种同步思维学习方法不仅能激发顶尖学生的学习积极性，还能使他们产生成就感，增强继续探究未知知识的信心。

听课时如果遇到不懂的问题，要先拿笔记下来，等到老师讲完后，再提出疑问请教老师。如果时间来不及，可以等到课间休息或者放学后再请教老师。

想和老师的思维同步，就要紧随老师讲课的节奏，多动脑筋想一想老师提出的问题，并积极主动地回答问题，且敢于提出不同意见和想法。在课堂上，让自己有一种紧迫感，防止走神，是成为优秀学生的第一步，也是及时掌握知识，取得好成绩的关键。

云南省 2006 年高考文科状元刘晗平时就很重视上课听讲。当年他以 676 分的优异成绩考上了北京大学。他说自己能考上北京大学是因为上课时不分神集中精力听课，能努力做到与老师的思维保持同步。

一味地听讲，时间长了产生疲劳感，出现打瞌睡、分神的现象，这样就无法跟上老师的思维，也不可能顺利完成课堂学习。有时，老师一堂课讲的内容，也许就是某一位或者是几代科学家一生研究的成果，不认真听老师的讲课，就无法正常连贯学到的知识，学习效果自然不会好。

有一天下午，老师在化学课上讲到水的分子式 H_2O。这个时候化学老师做了非常奇怪的一个动作：双手抱头。面对老师的这一古怪的举动，同学们面面相觑，纷纷在台下小声议论。有的说老师讲课讲累了想放松放松；有的说老师故意搞怪是想搞活课堂气氛；有的说老师是想无声地提醒昏昏欲睡的同学该提提神了……这时候全班只有刘晗凝神听课，觉得化学老师的这一动作肯定和水的分子式有什么联系。他一会儿看看老师摆的造型，一会儿又看看教科书中的分子式，想找出它们之间的必然联系。站了一会儿后，老师开口了："同学们，看了我刚才的样子，你们能联想到什么？像不像迪斯尼的米老鼠？米老鼠有两只夸张的耳朵，水分子有一个氧原子和两个氢原子组成，难道不像米老鼠的头吗？"这时，所有的同学才恍然大悟老师摆出搞怪造型的缘由，而这堂课老师所讲的内容也让同学们难以忘记。

为了能时刻保持清晰的思路，跟上老师的思维速度，刘晗下课时一定要到室外走走跑跑，顺便提提神、活动一下，以放松身心。他说有的同学觉得课间十分钟出去转一转纯粹是浪费时间，应该争取时间多写一写课堂作业或者抓紧时间看看教科书复习功课。其实，呼吸新鲜空气既能给大脑补氧，还能让大脑得到充分的休息，保证下节课有充沛的精力，度过紧张的 45 分钟。

由于平时刘晗有提前预习的好习惯，所以他在课堂上能与老师保持同步思维，做到当课内容当课消化，免去了课后要经过长时间复习才能写作业的麻烦。

每一位成绩顶尖的学生心中都有了不起的理想，有了理想就会有人生目标，有了人生目标就等于有了努力的驱动力，有了驱动力我们就会重视课堂效率，而时刻与老师保持同步思维是提高课堂学习效率的根本。

那么怎样才能做到与老师的思维同步呢？刘晗借助的是以下方法：

（1）做好上课前的各项准备工作。每天晚上结束一天忙碌的学习之后，不要急于上床休息，而是根据第二天的学习课程表准备好上课所需的教科书、笔记本和其他文具。这样第二天听课时，就不会出现由于忘了带东西在课堂上东翻西找的情况。如果时间允许，上课前要抓紧时间简要回顾上节课所学的内容，做好知识点之间的连贯和穿插。

（2）要带着疑问听课。如果带着疑问去主动听课，整个听课过程就会既轻松又能迅速抓住学习重点；盲目听课则是眉毛胡子一把抓，不知道哪些内容要重点记住、哪些内容可以一带而过，不但听起课来很吃力，而且听课的效果也不会好，还会影响作业完成的质量。通过课前预习，把不懂的问题都记录在笔记本上，从而在第二天的课堂上集中解决。这种上课时带着问题听课的学习方法，目标明确、针对性强，可以节省很多时间。如果有些问题在听了老师的讲解后还是没弄明白，可通过在课堂上再问老师使问题得到及时解决；对老师的讲解，同学有不同看法时，也可以通过提出疑问并经过讨论得到满意的答案。这种学习方法保证听课者始终集中注意力、专心听课。

（3）上课时要集中精力听讲。听课时要有意识地排除分散自己注意力的各种因素，眼睛盯着老师的一举一动，与老师保持同步思维，专心聆听老师的每一句话。刘晗举例说，上课时老师用科学的教学方法和教学原则，把人类千辛万苦积累的知识，用一堂课的时间，高效率地传授给学生，同时还要培养出学生的各种能力。如果学生不能集中精力听讲，就容易出现知识的断层，所学知识无法有效拼接上，这样势必会影响到今后的学习进程。因此，每一堂课都要紧紧跟着老师的思路走，学习老师传授的分析问题和解决问题的方法、步骤；聆听老师对每一个知识点的分析和总结；通过看老师的板书、挂图，观察老师的实验演示，强化具体的知识印象，整理归纳新旧知识，便于日后复习。

（4）不要轻易打断自己的思路。上课时如果遇到不明白的问题，千万不要在课堂上打断思维“钻牛角尖”。不懂的地方先用笔记下来，等下课后再研究，这样才能保证上课的连续性。如果上课时对某一个问题苦思冥想，等从“牛角尖”中醒悟过来时，已经跟不上老师的思路了，一步赶不上，步步都赶不上，这样听课的连续性就遭到了“破坏”，出现整堂课基本听不懂的可怕后果。可以说，上课时钻“牛角尖”是注意力不集中的一种表现，是每个学生都应该摒弃的坏习惯。

好的听课习惯应该是按着老师讲的内容顺序继续往下听，等到课中提问阶段或者课后再向老师请教不明白的问题。在听课中发现疑难问题时，不要马上打断老师的讲课，可以暂时将其放一边，待下课后再专研或再请教周围的同学、老师。这样做，既不影响老师的教学计划，也不会因纠缠某个问题而耽误大家的时间，还可以培养深入钻研问题的能力，养成独立思考的好习惯。连贯的思维可加深对知识点的理解和记忆能力。时刻和老师的教学思维保持同步，可以保证自己的注意力高度集中，取得很好的听课效果。显然，这对提高成绩很有帮助。

（5）做课堂的主人。上课时要认真思考老师提出的每一个问题，哪怕是自己已经知道解题过程和答案，也要重新再进行思考，看能不能找到其他不同的解题途径，掌握新的解题方法。同时，还要仔细观察老师的每一次示范，并且记熟于心；要积极参加课堂讨论，大胆发表自己的看法，积极回答老师提出的各种问题，让思考贯穿于整个课堂的学习过程中。上课时边听边思考是一种有效的听课方法。通过这种学习方法，可以变被动为主动，逐步加深对知识的认识和理解。录音机式的听课，其过程就像囫囵吞枣般，只会对知识有个模模糊糊的大致印象，无法真正掌握知识，更谈不上培养思维能力。对一个梦想考入北大清华的顶尖学生来说，不能单单把自身定位于学生角色，应该把自己当成课堂的主人、驾驭知识的统领者。

（6）要特别注意聆听每一节课的开头和结尾。老师的“开场白”起到抛砖引玉的作用，往往是概括上节课内容，又要引出本节课的新知识点，起着承上启下的作用。老师的课后结尾，是一节课的精要提炼和本节课的高度概括，是本节课要达到的基本要求。开头和结尾就像树干，是知识的集合点、总结点。刚上课时，有的学生心里根本没有定下神来，听不进去；甚至还有的学生把开场白仅仅当成是电影或者电视剧的一个片头，认为这种开场白可有可无没什么用处。快下课时，又想着课间十分钟怎么玩、都聊什么内容等，心又浮起来，老师的概括和总结再也听不进去了。这样，日复一日、年复一年，这样的学生就白白地丢掉了最精华的知识，与其他学生产生了巨大差距。

（7）要养成记笔记的好习惯。“好记性，不如烂笔头。”这句话说得非常有道理。即使老师讲课的内容我们当时已经听明白了、理解到位了，可是没有留下详细的笔记，很有可能过几天就忘了一部分，再过一段日子则忘了一大部分。这样，如果想回顾这一段知识，我们还得下大功夫重新进行学习，这不仅会浪费时间和精力，还会影响其他学科的学习，实在是一件得不偿失的事情。

记笔记的过程就是重新梳理知识的过程，也是重新掌握知识的过程。课堂笔记是将来供课后复习时用的重要参考资料，随时翻翻就会浮现听课时的各种情景，会想起老师讲课时的大部分细节，不费力气就能连贯前后知识点。刘晗平时上课记笔记一般是一边听一边记，当听与记发生矛盾时，先听为主，下课后再补上课堂笔记。他记笔记的重点首先是老师板书中的知识提纲，其次是补充教科书中没有的知识和典型题目的解题步骤。

刘晗的学习经验步骤清晰、简单易记。凭借着合理运用符合自身的学习方法，刘晗成了云南省的高考状元，也成功考入了自己梦寐以求的北京大学，实现了小时候立下的长大了一定要到世界一流大学继续读书的理想。其实，刘晗的成功不仅得益于好的学习方法，还与他十几年如一日坚持不懈的艰苦努力密切相关。应该说，好的学习方法和坚强的意志品质是助刘晗成功考入北京大学的一双翅膀。

课堂上，到底应该学什么、怎么学？

有的学生在课堂上眼睛盯着老师、竖着耳朵听课，唯恐没看清老师做的演示和示范，怕落下老师说的某一句话，恨不得拿录音笔录下整堂课的内容。记的笔记更是满满当当好几页或者十几页，一堂课下来很辛苦。但即使是这样，他们的学习成绩仍不见起色，让人既苦恼又迷茫。那么，到底问题出在什么地方呢？原来这些学生只把上课简简单单地理解成填鸭般的强行灌输知识的过程，认为只要听了、记了就行。这种头疼治头、脚痛治脚的学习方法，没有整体意识，更没有站得高、看得远的战略眼光。课堂学习不仅仅是给学生灌输知识的过程，更是培养学生的学习能力的过程。学生在课堂上应该学习老师发现问题、分析问题、解决问题的逻辑方法和对相同问题的不同思维方法。

宁夏回族自治区 2010 年高考理科状元范海霆，对课堂上到底学什么有自己独到的见解。范海霆上初中时，英语成绩一般般。其实，他是一个很用功的孩子。每天晚上预习第二天要学习的英语课程，上英语课时注意听讲，记笔记更是从上课铃响起一直记到打下课铃为止。虽然他很用功、很用心，但是他的英语成绩就是不见进步。尤其是英语试卷中的“五选四”题目，每一次考试都要错两道，有的时候干脆没有得分，用他的话来说“巧妙地避开了正确答案，躺着都能中枪”。

苦恼的范海霆主动找到老师，希望老师能找出原因为他指明一个好的学习方法。老师根据他在课堂上的表现和平时的学习成绩，告诉他上课不要只盯着老师在做什么、说什么，更不能当一名“录音机”式的学生，而是要学习老师发现问题、分析问题、解决问题的逻辑方法，只有这样才能真正掌握知识，提高学习成绩。

茅塞顿开的范海霆把老师教的学习方法积极应用到课堂上：怎样从几个意思差不多的单词中找出最贴切的单词填空句子；怎样从短文中找出一句话概括中心内容等等。上课时他紧跟老师的思维，看老师是怎么思考的、怎么找到答案的，渐渐地他就学会了如何从看似毫无关联的提示中找出彼此间深层次的联系；如何从看似一样的论述中找出不一样的地方。通过发现隐藏的问题，他学着老师教的步骤思考解决问题的方法，最终找到了正确的答案。经过一段时间的努力，“五选四”题目对他来说不再是头疼不已的难题，而且随着“五选四”题正确率的提高，他的英语写作能力也有了很大的提高。

范海霆独特的学习方法可以说目标明确，注重细节，推理的过程相对简单。他的学习方法不仅适合中学生，也适合大学生。尤其是北大清华这种世界顶尖的一流大学，课堂上讲得内容很多，只靠漫无目的的看和听是无法学到很多知识的。而发现问题、分析问题、解决问题的逻辑方法就像战士手中握着的超级武器，对付任何敌人都显得游刃有余。

范海霆高考取得优异成绩的另一个秘笈，就是上课时跟着老师学习对相同问题的不同思维方法。思维一般分为顺势思维和逆向思维。同样的问题用顺势思维讲和用逆向思维讲，结果一样，但过程完全不一样。顺势思维讲的时候能充分利用已知条件，一环扣一环地进行论证，最后得出一个结论；逆向思维则采用先质疑需要得出的验证结论，再根据已知条件，一步步进行推论，最后得到答案。范海霆觉得有的问题适合用顺势思维方式，有的问题适合逆向思维方式，而有的问题两者兼用。这种对比的过程就是学习的过程，也是锻炼思维能力的过程。

数学课上即使大部分内容范海霆都掌握了，他还是会认真听讲。面对质疑，他淡淡地说自己听课的目的就是把自己的思维方法和老师的思维方法进行比较，找出差距，逐步培养自己的思维能力。

通常，学习成绩特别优秀的学生在上课时都会开动脑筋，积极思考，把上课从具体学习学科知识上升到学习科学思维的高度，从搞清楚思路的过程中，学到了更好的思维方法。

发现问题、分析问题、解决问题的逻辑方法和好的思维方法是范海霆成功的重要因素。得益于好的学习方法，范海霆快速提高了学习成绩，考上了自己梦寐以求的清华大学，实现了儿时的梦想。

Chapter 3

笔记法：要掌握好记笔记的节奏

笔记往往是一堂课的重点、难点和疑点的集中体现，而记笔记不仅有利于上课时集中注意力、活跃思维、克服单靠大脑记忆的不足，还能培养学生自学和总结归纳的能力。

此外，记笔记也要讲究一个时机，要做到规范。一份有效的笔记要有很强的目的性，不能凭感觉去记。2009 年湖南省高考状元高焓说："如果不记笔记，就像鸟儿没有了翅膀，没有翅膀的鸟儿是不会在空中飞得长远的。现在有好多的学弟学妹来请教我如何学习语文，我告诉他们学好语文的唯一方法就是勤记笔记，不错过任何一个细小的知识点。"高考结束不久以后，高焓就接到了清华大学的录取通知书。

笔记——打开记忆大门的钥匙

有很多学生经常有这样的疑惑：当做题时需要用到一个知识点，这个知识点明明就在脑子里，可就是想不起它在书上的具体位置了。其实这时就是发挥笔记功效的时候了，笔记就像是一把打开我们记忆的钥匙，唤醒大脑深处尘封已久的记忆。正所谓“眼过千遍不如手过一遍”，记笔记对于那些想要考进北大清华的学生的学习是绝对有帮助的。记笔记的过程就是二次学习的过程，是一种加深记忆的方式，便于以后的复习。学生在记笔记时是处于一种“三动”最佳学习的状态，即“动手”“动脑”“动耳”。所以说，记笔记可以有效改善学生在学习过程中注意力不集中的情况，提高学习效率，加深对知识点的印象。钱钟书先生就十分重视记笔记，他在北京大学任教时经常要求他的学生把笔记交给他检查，他还经常对学生说：“书本上的知识再全面、再具体它也终究不是你们的，只有把知识用自己的语言记录在本子上它才真正地属于你们，为你们所用。让你们记笔记不是让你们抄书，抄书谁不会？记笔记也不难，难的是如何正确地记笔记。”

笔记的质量直接影响一个学生的成绩，特别是对那些文科类的科目影响最为显著，比如像语文、英语、政治、历史等科目。这些科目需要背诵的地方多，知识点碎且杂。以英语为例，已有大量的单词、语法需要记忆，而由于作为学生还有其他科目要学，不可能花费太多的时间用于记英语笔记，所以在记英语笔记时应主要记一些重点的语法、特殊单词的意义、重点语法的经典例句。通常在课堂上英语老师会针对同一语法写多个例句，这时作为学生可以从中选择一些比较经典的例句记录在本子上。

相对于英语，语文的笔记似乎更不好做，那些想要考入北大清华的学生也时常在写语文笔记时感到无从下手，抓不住语文的重点。在记语文这门学科时，可以将预习笔记、课堂笔记和课后作业写在一个本子上。那些考进北大清华的学生的语文笔记一般包括以下几个部分：字，包括字音、字形以及文言文当中的通假字、多义字、同义字的积累；词语，主要是成语的积累，也包括文言文当中的虚词的使用方法；句子，可以主要记一些名人名言和书上的一些诗词；经典例题；总结归纳；作文技巧，包括经常使用的作文结构和案例。

对于记笔记，曾经就读于北京大学的辽宁省朝阳市2006年高考理科状元张淙越有自己的独特做法：

（1）把所有科目的笔记本钉在一起，把每天记的笔记翻看一遍。

（2）把错题的解题方法和当时的心得记在笔记本上，复习的时候只要看笔记本就可以了。

（3）特别喜欢钻研题目，把自己的解题思路写下来，慢慢地将自己的思路向出题人的思路靠拢。

（4）在笔记本上记录考试时必考的几个大的知识点。一般情况下，一个知识点不会在一张试卷上出现两次，前面没有出现的知识点有可能是后面几个解答题的考点。后面的解答题一般都是集合了几个知识点和考点，会比其他题目要难一些，此时可以做的是静下心来思考在笔记本上记录的知识点。通过对笔记本上知识点的回顾，找出后面解答题的方法。

（5）平时进行大量的训练，上课认真听老师的讲解，把老师的解题思路写下来。张淙越还说道："有好多同学喜欢把同一种类型的题在笔记本上反反复复地写上好几遍，这样做只会浪费时间。特别是数学题，一个解题技巧适用于很多同种类型的题目，正所谓万变不离其宗。"

北京大学光华学院的任课老师李博白是1988年的海南高考状元，他在谈起自己的教学经验时说道："有很多学理科的同学经常会认为理科学习不必像文科那样记笔记，其实这是一种错误的想法，理科更需要记笔记，理科的知识大都是有着系统联系的。记笔记可以使学生更好地发现它们之间内部存在的联系，建立一个完整的知识系统。记笔记还可以找出自己在学习的过程中的不足之处，以便及时弥补。那些想要进入北京大学读书的学生，可以在每个考点的下面写一些典型的题型。这样可以起到事半功倍的效果，在复习时只要着重看这些例题就可以了，为其他科目的复习节省了大量的时间。"

清华大学信息工程专业学生马强是黑龙江省2011年高考理科状元，

他表示他考上清华大学并没有利用什么特别的学习方法，就是对学习特别执着。不论有多晚他都要坚持把当天的学习任务完成，从不浪费一分一秒的时间。他说：

“我每天都会用大量的时间做练习题，我对自己的要求就是保证每道题的思路清晰。在课堂上一定要勤于做笔记，不管是哪个科目的学习。在课堂上没有听懂的地方记在笔记本上，但要用最简洁的语言表述。这些问题我会强制要求必须在今天睡觉之前解决。我还会在睡觉之前把当天的笔记翻看一下，在头脑当中大概地记忆。第二天早晨起床时我会再看一遍，我觉得这样会加深记忆。”

宁夏回族自治区 2011 年高考理科状元冯锐就读于北京大学物理专业。尽管冯锐是一名理科生，但他高中三年一直保持着记课堂笔记的习惯。特别是数学，冯锐喜欢把一些经典例题的解题过程和解题技巧写在本子上，他觉得这也是一种学习技巧。以后在遇到一些相对较难的题目时就可以被更好地运用。

对于化学的学习，冯锐说，要重视对细节知识的把握。可以经常在本子上默写一些化学公式，但不要机械地背写，而是要运用逻辑思维将整个化学知识体系串联起来。

谈起冯锐喜欢的物理时，他说道：“物理的考点是源于课本而高于课本，在学习物理时要对基础的物理概念做深层次的研究。在做物理习题时，可以尝试用不同的方法解题，要学会物理公式的互推。”

笔记是最好的复习资料与辅导老师

脑海中的有些记忆会随着时间的流逝慢慢遗忘，人们所学的知识也一样。北京大学的脑部科学认知中心的一项研究实验表明：人的大脑会定期地对于记忆进行筛选，对于那些浅层记忆会被大脑选择遗忘；而那些深层记忆会被永久地留在我们的记忆深处。在学习的过程中，用看来获取的记忆知识只是大脑的浅层记忆，而那些考进北大清华的学生大多乐意通过读和写来对知识进行深层记忆。

小学老师就经常会用“好记性不如烂笔头”来教育学生要勤于做课堂笔记，而且那些考进北大清华的高考状元的手边也都会有厚厚的几本笔记本。那些还没有考进北大清华的学生可能会存在这样的疑问：要考的知识点都在书上，用到时只要翻看课本就可以了，何必花费大量的时间来记笔记呢？知识点课本上有很多，但它们大都是用大段的文字来描述，不利于记忆，笔记恰恰是把书本上的知识点用自己的语言对其简化，起到便于记忆的效果。在记笔记的同时对知识点进行回顾，可加强对知识点的记忆。如果只是把书本上的知识记忆下来，是远远不够的。那些想要考进北大清华的学生对课本上的知识必须要做到活学活用，举一反三，这样才能够在考试的时候灵活地运用书本上的知识点。

不管是学习新知识还是复习旧知识，笔记都能起到重要的作用。

（1）有助于对新学知识的巩固。一个教师再怎么把教学变得生动，也会有上课时走神的学生，如果课下学生再不记笔记的话，对于他们而言，课堂上所学的知识只能是水过地皮干。培养学生记笔记的习惯对于那些想要考进北大清华的学生而言是至关重要的。下课以后，学生们可以通过记笔记的方式回忆起上课时的情景，起到对新学知识第二次记忆的作用，巩固新学的知识。

（2）有助于锻炼学生的语言表达能力。有很多的老师在批改作文的过程中会发现许多学生写的作文有文不对题、语言不通顺等问题。而记笔记的过程，就是一个将课本上抽象的知识用短小精悍的语言表述出来的思维过程。课堂上的时间毕竟是有限的，要想在不影响听课的情况下，快速地记录老师课堂上讲的重点内容，就要求学生要学会用一些短语或四个字的成语概括要点。长此以往，不仅能增加学生的词汇量，还能提高学生的语言表达能力。

（3）有助于学生速写能力的提高，检查学生的听课。有些学生可能因为书写速度慢而在考试过程中发挥不出正常的水平，从而影响整体的成绩。在记课堂笔记时，有的同学想要保持字的清晰度而降低他们的书写速度，有的时候还会因为记笔记而漏听了老师讲的一些重要的内容。在有限的时间里，想要记录老师上课的重点，学生就必须提高书写速度。因为笔记是一节课重点内容的集中体现，所以通过对笔记的检查也可以对学生的听课效率进行检验。

（4）有利于培养学生良好的读书习惯。古语有云“不动墨不读书”，学生在养成记笔记的习惯以后，再读任何一本图书时都会习惯性地随手在旁边记下相关信息，从而养成良好的读书习惯。这在不知不觉中就提高了学生的语文素养。

（5）有助于培养学生的自学能力。在高速发展的今天，只有不断地学习才能不会被时代所淘汰，自学能力就成为当今社会人们不可缺少的能力之一。在记笔记时并不是单纯地简单摘抄书本内容，而是要对书上的语言进行压缩和归纳。一般情况下，那些考进北大清华的学生在课堂上只会记录一些课本的重点内容，真正系统、正规的笔记往往都是在课后独立完成的，这在不知不觉中就培养了学生的自学能力。

郭城是 2006 年广东的高考理科状元，他在回忆自己高中三年的学习生活时这样说道：

“我有一个好朋友，和我从初一到现在都是同班同学。他特别喜欢记笔记和整理笔记，我还曾经为此嘲笑过他。直到后来的一次月考，我的学习成绩下滑到了年级第 57 名，而他年级第一。后来，我无意中翻看了他的数学笔记，发现试卷上有好多的知识点在他的笔记本上都有记录，还有一些例题以及一些学习心得。从那时起，我开始记笔记。

一开始的时候，我总找不到记笔记的方法，效果也不是那么地明显。我有了放弃的念头，这个时候我的好朋友向我伸出了援助之手，和我分享了他的一些记笔记的经验。在他的帮助下我很快找到了属于我自己的记笔记的方法：（1）在课堂上，我会认真地听老师讲课，不会埋头只顾记笔记。因为我从小就特别喜欢数学，在记笔记时我会把书上的基本概念写下来，基本上是一页纸上只写一条，以后方便在下面抄写例题。（2）我不喜欢在笔记本上用纯汉字记录知识点，根据数学逻辑性很强的特点，我会把一些有联系的知识点用图标的形式记录，这样当我复习时就可以一目了然，而且可以同时复习多个知识点。

经过一段时间的努力，在高二下半学期的期末考试中，我的名次已经升到了年级第 25 名了。这次是我发挥最好的一次，我没想到我会成为状元。我之前在高考报考时的第一志愿是清华大学的数理基础科学，当时觉得没什么太大的希望，现在心中的一块大石头终于落地了。”

2010 年，郭城从清华大学毕业，毕业以后他选择留在清华任教。

湖北省 2009 年高考理科状元王烨非常喜欢记笔记，他的笔记本上记录了各个方面的知识点。王烨说记笔记的习惯是他从小学开始养成的，他觉得在读完一本书后总要留下些什么才能证明自己看过。王烨还特别会举一反三，在他的数学笔记本上，每个例题都会记录两到三种的解题方法，然后用不同颜色的笔标注哪个解题方法更简单、更有效。对于像化学、生物这样的理科学科，王烨专门用一个小笔记本来记它们的基础概念。王烨说自己在高三复习时从来没有买过任何的辅导资料，一直是在复习课本和笔记。他说：“其实笔记就是最好的复习资料，也是最好的辅导老师。”

怎样记笔记才能收获理想的学习效果？

记笔记的主要目的就是帮助我们更好地记住所学的内容，所以在记笔记时，我们一定要以大脑思维为中心，理解为目的，重点记录课本上的知识。只有这样才能让笔记更好地服务我们，帮助我们提高学习效率。一些考入北大清华的学生认为记笔记也要讲究时机。

他们认为在课堂上做笔记是以不影响听讲和思考为前提的。他们在课堂上普遍普遍使用以下几个时间段做笔记：（1）老师在黑板上写字时，抓紧时间记笔记。（2）老师在讲重点内容时，抢记。（3）课后及时补记。可以说，只有掌握好做笔记的时机才能使笔记的功效发挥到最大，才能让那些想进入北大清华就读的学生梦想成真。

做笔记不仅要抓住时机，而且更要讲究方式方法。有一些学生会错误地以为笔记上的内容越多越好，越详细越好。其实，如果笔记记得太繁琐反而达不到预期的效果。下面就为同学们总结了几条北大清华学子做笔记时常用的方法涉及到的内容：（1）要有简明扼要的提纲。（2）要学会利用辅助工具进行速记。（3）必要时可以在书边直接记录，以便于以后查找。(4)在记录理科笔记时主要记它们的解题思路以及所涉及的公式等。(5)如果是文科类的科目，比如政治历史，就只需要记录它们的大概阐述。

笔记并不是简单意义上的抄写，而是在理解的基础上对知识有条理地记录。那些顶级学府中的学生认为做笔记一般包括四个方面的内容：（1）老师在课堂上讲的重点和难点。（2）基本理论和公式，包括他们的解释、推导过程和结论。（3）一些有价值的案例。（4）对于某种解题方法的新思路，在了解了笔记的基本内容以后，那些想要进入顶级学府深造的同学在做笔记时应当分清楚主次，把“想”和“听”放在主要位置，把“写”放在次要位置。

其实做笔记也是有技巧的，下面就介绍几种考入北大清华的学生常用的技巧：（1）可以用一些符号代表常用的字词，这样可以节省大量的时间。（2）笔记上字与字之间的间隔可以大一些，方便以后改正。（3）笔记应该分为正负两页，它们的比例一般为 7 ：3，也是为了以后方便修改。（4）可以用不同颜色的笔进行记录，通常为红蓝笔，最好不要用铅笔。比如在记一般东西时用蓝笔（在记公式和概念时用红笔）。（5）字不用写得太好，便于自己翻看就行。在课堂上要认真听讲，记笔记只是学习当中的一种方法，不要因为记笔记而忽视老师讲课的内容。

在众多的高考状元当中，上海市 2008 年的高考状元赵文睿是一个特别的例子，她本来是可以通过自主招生进入上海复旦大学进行深造的，但她却毅然放弃了这一优待，选择通过高考的方式进入她理想中的大学——北京大学。赵文睿说勤记笔记是她制胜的法宝，在学习新课之前她会提前预习一下，把一些没弄懂的问题记在笔记本上，因为她是带着问题听课所以效果比较好。

赵文睿说自己以前对笔记也存在误解，认为记笔记并没有什么技巧可言，就是把老师在黑板上写的内容照搬照抄到笔记本上就可以了。以前，偶尔翻看自己记得满满的笔记本，就觉得可没有白上课，其实那都是自欺欺人。本子上好像是记了很多的内容，但记到自己心里的却很少，因此成绩跟没记笔记前一样的烂。到了高中她才慢慢意识到做笔记也是一门学问。

记笔记不是把老师写在黑板上的内容直接复制下来，如果只是抄录老师黑板上的内容是会影响学生独立思考的能力的。在课堂上，老师对知识点的讲解才是最重要的部分，笔记只是为了课后更好地复习。有的时候你辛辛苦苦在黑板上抄下来的例题都可以在课本上找到，甚至有些是和书本上一模一样，所以不能盲目地记笔记，否则既浪费了时间和精力，又达不到预期的效果。

那么，笔记应该记些什么呢？赵文睿说记录一些老师在课堂上补充的例题是很有必要的。这些例题往往汇集了多个知识点的精华，多是以前在高考试卷上出现过的。在记录这些例题时首先可以把题目抄下，然后记一个大概的解题思路。有的解题思路同样适用于其他同一类型的题目，方便你以后举一反三。没有必要去记录解题的步骤，记录解题步骤只会造成时间的浪费。在记一些重点时，可以在旁边用特殊符号记录，这样看起来也比较清楚醒目。

记笔记就是为了整理笔记。赵文睿觉得自己非常享受整理笔记的过程，她喜欢把上课时记的笔记完完整整地整理下来，把空白的地方给填上去。在每道例题的下面可以用不同颜色的笔记录一些心得，也可以写一些容易记住并容易错的知识点。老师在讲课时对于同一道题可能有很多种的解法，有时老师会考虑时间的问题，在课堂上只讲一些大致的解题方法和思路。在课后整理笔记的时候，可以把其他的解题方法补充上去，这样也容易区分各解题方法的难易程度。虽然有的同学认为这种做法浪费时间，但是赵文睿认为这样做是值得的。当看着自己整理出的笔记时赵文睿会感到十分地欣慰和自豪。

张殿炎是清华大学计算机科学与技术学院的 2013 级学生，他在谈到高考秘笈时说："要对知识多梳理，多整理。整理前一段时间的知识，梳理下一步学习的思路。做好该做好的事情，课堂上要紧跟做笔记，课后要多写改错本、多看书；多注重基础知识的回顾。在记笔记时，可以着重记一些知识点的重点内容和一些例题。在知识点的旁边记例题的主要目的就是帮助自己更好地记忆知识点的内容。在对一些文科科目记笔记的时候，就可以先列一个笔记大纲，然后可以根据大纲内容进行填充知识点。这对于我们的学习是很有帮助的。"

要掌握好记笔记的节奏

每件事情都有自身独特的节奏，记笔记也有节奏。第一次记笔记时的节奏是“由薄变厚”，意思是在课堂上记笔记时可以先快速记下老师讲课的重点内容，然后在课后对其进行补充，使其更加完整；而在复习时的节奏是“由厚变薄”，意思是在复习时不可能把笔记本上的所有内容都进行记忆，而是要对其内容进行压缩整理，浓缩成薄薄的一本，这样更方便记忆。

在上课时有很多学生掌握不好记笔记的节奏，在课堂上用过多的时间去记笔记，从而忽略了老师讲课的内容。还有的学生甚至把平时学习和复习时的节奏给颠倒了——在平时记笔记时用短小精悍的句子，而在复习时对其进行扩充。

每个科目也都有自己独特的节奏，有的科目适合详记，有的科目适合略记。比如像语文、政治、历史、生物科目详记效果会更好。这些科目的特点在于：内容很散，各部分内容之间没有很强的逻辑关联，而且所占的分量相当，如果稍有遗漏，就会出现断片的现象，所以应尽量地把课堂上讲的知识全面地记下来。而对于那些像数学、物理、化学等科目，略记的方法比较好。这些课程的特点是：前后有很强的逻辑联系，有较多的像公式、方程等各种关系式，所以只需要记录一些关键内容就可以了。那些公式的推导过程就更不需要记录了，只要把推导过程中所用到的假设、转移、使用的定理记下就可以了。着重记录老师对概念的解释、需要注意的知识点以及解题的技巧和方法。上语文课时要重点记录课文的写作背景和写作方法，某些特殊词的用法以及老师上课时所补充的重点内容。在英语课上，需要重点记词汇的各种用法和区别。

综合那些考进北大清华学子的学习经验可以得出，要想掌握好记笔记的节奏必须做到以下几点：

（1）听清老师所讲的话。没有听清老师所讲的内容想要做好笔记是很困难的，所以在记笔记时要专心致志，不受外界的干扰，认真听老师讲课。

（2）课前要预习。提前把老师要讲的内容预习一遍，了解老师讲课的流程，这样可以帮助自己在课堂上抓住记笔记的时机。

（3）不让头脑有懒惰的行为。在课堂上，要时刻保持头脑的清醒，使头脑处于一种高度集中的状态，部分没弄明白的地方可以留到课后解决。在课堂上保持思路清晰是提高听课效率的唯一法宝，而保持思路清晰的具体表现就是掌握好记笔记的节奏。

（4）快速记录。现在的学生大都会在电脑上进行盲打，可到了手写时反而降慢了速度。笔记是为了便于以后复习用的，所以不必讲究一些格式，只要自己能够看懂就行了。

（5）抓住重点内容，不必计较词汇的表达方式。记笔记时不用将老师的原话逐字逐句地记录下来，不要纠结“相似”和“差不多一样”之间的差异。当然对于某些关键词还是要求区分开的。

（6）要懂得取舍。在跟不上老师讲课节奏时，不要慌张，要放下笔记专心地听老师讲课，笔记可以在课后做。

重庆市2006年高考理科状元曹飞从小就有一个清华梦，当年幼的他向村里人宣布他将来要考清华时，所有的人都不相信他会考上清华，还有的人会拿“清华的学生”来调侃他，但曹飞并没有把这些话放在心上。

中考的时候，曹飞是铜梁县的状元，他如愿以偿地进入重庆一中就读。在高中三年中，他始终没有忘记自己的清华梦，为圆他的清华梦，他一直保持着记课堂笔记的好习惯。他说其实记笔记也是一门大学问，不是简单地抄书。对于不同的科目他会区别对待，会根据每个科目的特点记笔记。在谈到英语笔记时，曹飞说：

“其实英语的笔记最好记了，因为它就那几种语法，颠来倒去地使用，而且英语不像语文那样没有联系。在记英语笔记时只要把重点语法记下来，每个语法再记一到两个例句就可以了。对于语文，在学一篇新的文章时，我会记下它的作者生平、写作年代，还有它独特的写作手法和文章结构等。我还特别喜欢摘抄一些优美的句子，在写作文时我会经常用到它们。每次语文考试结束以后，我会把试卷上的文言文直接剪下来贴到笔记本上，把它的考点和重点记在旁边，文中出现的特殊词语我还会在以前学的文章里找到和它意思一样的句子。例如‘吾岂不知’中的‘岂和’和‘一之谓甚，其可再乎’中的‘其’都是表达‘难道’的意思。”

说着，曹飞把他的各科笔记本拿出来，每本都是密密麻麻的。之后，曹飞得意地说：“这些都是高中三年知识的精华。”

读书笔记中的宝贵财富

我国古代有一条著名的读书治学经验，叫做读书要做到“四到”，即眼到、口到、心到和手到。这里所说的手到，就是要求人们在读书时要勤于做笔记。针对那些想要考进北大清华的学生来说，不仅要做好课堂笔记，在课外阅读时也要勤于做笔记。一般课外阅读时所做的笔记称为读书笔记。读书笔记不但能帮助学生积累写作素材，还能帮助学生锻炼语言表达能力。

读书笔记是指在学生读书时把自己对于某段文字的理解心得记录下来，或者把文中的一些优美的辞藻或语句记录下来所形成的笔记。写读书笔记也是锻炼阅读能力的一种方法。有很多人认为知识的积累关键在于记忆力的强弱，其实这是一个错误的想法。列宁虽然有着超乎常人的记忆力，但他在读书时依然勤于做笔记，写下了很多的读书笔记。俄国著名文学家托尔斯泰身边有两样东西是时刻准备着的，那就是笔和笔记本。每当在与他人谈话或读书时，遇到一些优美的语句他都会第一时间把它们记录下来。

（1）读书笔记不仅能提高学生的阅读效率，而且还能提高学生的写作能力。通过写读书笔记学生们可以充分体会到阅读的乐趣，不但从中可以学到知识，锻炼能力，更能调动学生学习的欲望。

写读书笔记最简单的一种方法就是“摘录法”。摘录法就是将一篇文章中的优美段落或者语句摘抄下来，学生也可以根据自己的喜好从文章中摘抄一些比较感兴趣的段落或者语句。

（2）读书笔记可以加深我们对读物的理解并更好地记忆。在难以弄懂的地方应该反复地研读，直到弄明白为止，然后把新颖独特的地方记录

下来。北京大学人学研究中心的实验表明，人在边读边记时的记忆力是平时的两到三倍，所以写读书笔记可以帮助我们更好地记忆内容。

湖北省2009年高考状元李阳，他谈到自己的学习方法时说了这样一句话：

“文科要强，必须要大量阅读。”多阅读是他在高考语文考试中取得好成绩的法宝。他说：”丰富的阅读量对于语文的学习是很重要的。我平时就喜欢阅读一些课外书，比如像《资治通鉴》《史记》《明史》。阅读这些书不仅可以加强文言文知识，还丰富了历史知识储备。要想发挥阅读的作用必须勤于做读书笔记，把一些课本上没有遇到过的字词意思记录下来，积累成册。”

多年积累的阅读量在高考中也给李阳带来了不少的好处。比如在高考中的一道历史选择题：商代甲骨卜辞中，有大量的“受禾”“求年”“有足雨”的内容，反映了当时什么样的情况？正确答案是农业生产已经是重要的经济活动。因为之前在看《史记》的时候，看到过这个部分的知识，所以他毫不犹豫地选择了正确答案。

2013年被清华录取的福建省文科高考状元秦杉在高中时有一个外号——“杉神”。原因是秦杉喜欢看课外书，博古通今。秦杉平时很喜欢阅读，《全球通史》《文史参考》《看天下》等书籍杂志都是他的最爱。高三虽然课业非常紧张，但他仍会抽出时间上网搜索热点新闻，关注时事，而不满足于课本上的知识。

除了大量阅读能开阔视野的历史类书籍以外，秦杉在文学上也很注重积淀。“中外名著对我的语文课学习帮助很大。”她提到，这些文学的素养，尤其对作文中的引经据典很有益处。关于写作积淀方面，她有一套“笨办法”，那就是做各种读书笔记。遇到好的文章便摘抄下来，学习名家的遣词造句和立意方法，并在下次写作文时用到。高中三年，她记了厚厚的六本读书笔记，她说这些笔记都是她人生当中的珍贵财富。

Chapter 4

咀嚼法：

再难的题也怕嚼嚼三嚼

偶蹄动物反刍食物是为了更好更充分地吸收食物中的营养，学习过程与此类似。我们在学习过程中反复钻研不懂的知识，就是为了更透彻地掌握它们。德国哲学家说：“重复是学习之母。”由此可见重复学习的重要性。

重复学习法不仅能帮助我们理解知识，强化我们的记忆，而且还能帮助我们深入理解各个知识点内部之间的联系,从而更好地建立一套完整的知识体系。

提高学习效率的有效途径——重复学习

对知识的一知半解是造成我们学习效率不高的重要原因，而重复学习可以有效地改善这一问题。犹太人把学习直接称作为“重复”。他们认为，人们只有经过多次的重复练习才能将所学的知识完全掌握，而且他们认为即使是不太聪的人，经过不断地复习和练习某项技能，最终也会有所成就。发明家爱迪生曾经说过：“天才就是百分之一的灵感加上百分之九十九的努力。”我国的著名文学家朱熹也曾说过：“读书千遍，其义自见。谓读得熟，则不待解说，自晓其义也。”意思就是说，熟读了一百遍，就可以很容易地明白它的意思。所谓将文章读透，就是在不看它的注解的情况下也能明白它其中所蕴含的道理。

很多人对于重复学习存在一些偏见，认为重复学习同一项知识是在浪费时间，对于学习一点帮助也没有。其实不然，重复学习对于我们学习效率的提高起着非常重要的作用。那些考进北大清华的学生，都有重复学习的习惯。

学生经过多次重复学习可以加深对知识点的理解，使记忆更加深刻。相比于花很长时间只学习一遍的学习方法，重复学习法在提高学习效率方面有特别好的效果。那重复学习具体有哪些好处呢？下面就为想要考进北大清华的学生总结几条重复学习的好处。

（1）重复学习不仅可以更好地掌握知识框架，还能提高学生的理解能力。先快速地浏览一遍书本，能对其有一个初步的整体印象，然后再学习具体内容，这能帮助我们更好地理解细节。

（2）经过多次重复学习之后，学生对于知识的记忆会更加深刻，同时也会提高学生的背诵能力。有些学生能在短时间内快速地将所要背诵的内容记忆，但是在过了一段时间以后就会忘记。大家都明白“人总会忘记所记忆的内容”的道理，那么我们就应该通过多次学习，将知识牢牢地印在脑海里。

(3)可以避免“学习死角”的问题。比起传统的学习方法，重复学习法可以在学习时找出学习的漏洞，并及时对其弥补，这样在复习时就会变得轻松和简单。

有很多科学发明都是通过多次实验，经历过无数次失败才取得成功的。正如冰心先生在她的《繁星·春水》中所描写的：“成功的花儿，人们只惊羡它现时的明媚！然而当初它的芽儿，浸透了奋斗的泪泉，洒遍了牺牲的血雨。”

爱迪生发明电灯时，就是经过反复的实验才取得成功的。爱迪生在实验的过程中，找到了许多不同的材料，其中包括竹条、木条、铁丝等。最后他才决定用钨丝做电灯的原材料。钨丝可以在高温下发亮，而且可以长时间持续地发亮。这是爱迪生在重复的实验中得出的结论。如果没有爱迪生的反复试验，那么人类用上电灯的时间可能会向后推迟几十年甚至几百年。

美国著名化学家固特异也是在反复的实验当中发现硫酸和橡胶混在一起会发生化学反应，而后产生的新的物质具有超高的弹性的；我国的袁隆平教授也是在实验田里不分昼夜地反复进行实验，才研制出了高产量的杂交水稻。

这些都告诉我们一个道理：不断地重复最基础的东西，并且每次要有所提高，最终就会取得成功。

重复学习是我们学习过程中简单有效的一种学习方法。不断地学习，不断地咀嚼所学的知识，不仅能加深我们对于知识的记忆，而且能为以后的学习打下坚实的基础。这就是所谓的“熟能生巧”。

在背诵英语单词时，重复的背诵有利于学生对于单词的记忆。想要提高英语成绩，我们可以通过反复地阅读课文，来增强英语的语感。我们在做英语完形填空题时会发现，有的答案是可以通过上下文而得出。反复地阅读还可以培养学生用英语的思维来思考问题，对于考试当中的听力部分和阅读理解部分特别有帮助。

2013 年辽宁省高考文科状元刘丁宁以 668 分考入北京大学新闻专业，她在和学弟学妹交流学习经验时只说了一句：“天道酬勤。”刘丁宁读高中的三年时间里，除假期以外，不论天气怎样，她每天都比别的学生提前30分钟到学校。她还有一个特别的习惯，那就是喜欢反复地钻研课本上的例题。她说："每次在做例题的时候，都会有不同的收获。"但她在读小学时也不喜欢重复地做同样一件事，认为重复是一件非常无聊的事情，直到有一次新东方的创始人俞敏洪到刘丁宁所在的学校发表演说，才改变了她的这一观念。她现在都能清楚地记得俞敏洪在演讲时所说的话，他说："每天挤出一些时间来积累和持久关注一件事情，你就会成功！世界上成功人士的成功秘诀就是不断地重复同一件事情。先做到'专'，才能做到'宽'。学生的学习也是这样，首先要做到'本本精'才能做到'本本通'，才能进入理想的大学深造。"

刘丁宁在那次演讲中深受启发，也是从那时开始她就逐渐养成了重复做一件事的习惯。对于有些知识点别的同学往往只会看一到两遍，而刘丁宁则会看上五六遍，甚至更多。每次刘丁宁都会在当中发现一些新的内容，这也大大提高了她的理解能力。经过多次重复学习，她的记忆效率和学习效率明显提高，而有些知识点即使过了很长的时间，她也能完整地背诵下来。可见重复学习，是提升学习效率的有效途径。所以，同学们可利用重复学习来提高自己的学习效率，以使自己考入理想的大学。

咬文嚼字是学好语文的关键

在日常生活中，我们经常听到人们用"咬文嚼字"来讽刺那些专门喜欢死抠字眼而不注重实质的人，或那些平时讲话时爱卖弄学识的人。但咬文嚼字却对于我们的学习十分有用，它是学好语文的关键。

语文这门学科具有其特殊性，要学的内容以古文居多。在同一篇文章当中，同一个字在不同的语境当中它的意思也会发生改变。而咬文嚼字就是要求学生在学习语文中的文言文时，要仔细地研读，具体到每个句子，甚至是每个字词。咬文嚼字在学习文言文时起着非常重要的作用，一般来说，要想学好文言文必须得抓住以下两点。

（1）理解普通的字词和语句的意思。宋代学者程颐就曾经说过："凡看文字，须先晓其文义，然后可以求其意，未有不晓文义而见其意者。"句中的"文义"指的是文章当中字和词的含义，是字词的表层含义。要想弄清文义必须先得排除词语的障碍。因为每个完整的句子都是由不同的字词组合而成，想要做到望文生义就必须做到理解每个字词的含义。不能不求甚解，对文章的理解似是而非。

诗人臧克家十年如一日地攻读《古文观止》。他在读书时，经常在书上圈点和标注，一个字也不放过，以求真正理解透文章的具体含义。作家孙犁读《聊斋志异》读了十几年，反复阅读，用心揣摩书中每一个字的意思。

（2）重视个别特殊字的意思。有些字在文言文中并不常见，很难理解，但这些字往往是一篇文章的关键。正所谓"擒贼先擒王"，攻克了这些难解的字，整个句子甚至是整篇文章就容易理解多了。学生在翻译文言文的过程中可以先结合课后给出的字词意思将句子的大概意思给翻译过来，翻译不通顺的地方可以先用问号标注起来。而理解一些生僻字词的意思的前提则是要熟读整篇文章。

要想理解文中字词的具体含义，就得先了解这句话的具体语境。在不同的语境当中的同一个字在句中所起的作用也是不一样的。例如以下几句话当中的"而"：

①"杂然而前陈者"中的"而"是表示修饰的关系；

②"饮少辄醉，而年又最高"中的"而"表示递进关系；

③"永州之野产异蛇，黑质而白章"中的"而"表示并列关系；

④"余方心动欲还，而大声发于水上"中的"而"表示承接关系；

⑤"青，取之于蓝而青于蓝"中的"而"表示转折关系；

⑥"诸君而有意，瞻于马首是也"中的"而"表示假设关系。

文言文有异于其他文体的地方就是对于通假字的使用。我国古人在写文章时为了避免使用君主的名讳或者出于对某些字的忌讳，在用到某些特定字的时候往往会使用和它读音相同的字来代替。所以说，通假字并不是人们口中所说的古人写的错别字。比如，古人常用"逝"这个字来代替"死"字。

理解文章当中的通假字对于理解整篇文章也是很有帮助的。有些文章中的通假字很容易被发现，但是有些文章当中的通假字是很难被发现的，这就要求学生结合文言文的上下文义来找出文章当中的通假字。比如《论语》当中的“诲女知之乎”中的“女”就是通假“汝”，表示“你”的意思。

咬文嚼字可以帮助想要考进北大清华的学生提高文学素养，增加词汇量的积累，还可以帮助学生更好地理解文章的意思。具体来说，咬文嚼字具有以下几点好处。

（1）咬文嚼字可以培养学生学习的严谨态度。有些时候仅仅是一字之差，所要表达的意思就会大相径庭。比如，在朱光潜先生《咬文嚼字》一文当中，他就用了“你是”和”你这”两个词语来表明咬文嚼字的重要性。虽然“你是”和“你这”两个词仅有一字之差，但所要表达的意思却是截然相反的。

（2）咬文嚼字可以丰富学生的词汇量，培养他们的文章语感以及深层次思考的能力。有些著名的评论家之所以能写出好的评论文章，主要得力于他们极强的语感和丰富的语言知识。有些文章中不起眼的一个字，都有可能是作者经过深思熟虑的。其中，最著名的例子当属“推敲”二字的由来。著名诗人贾岛深夜去拜访一个故人，故人没有在家。贾岛回到家中写下了“僧敲夜下门”的句子，可是贾岛想“敲”字不符合当时的情景，于是他就把“敲”字换成了“推”。这样后人在读到“僧推夜下门”时就可以联想到门是虚掩着的，又从虚掩着的门联想到在月光下只有他一个孤零零的和尚，从而联想到一个和尚来拜访故人，故人没在家，盛兴而来败兴而归的失落心情。一个“推”字也可以表明诗人和这位故人的关系相当好，联系到诗人下一句写的是“鸟宿池边树”。一个无声的“推”字，表明冷寂的气氛，以至于没有惊动路边树上熟睡的小鸟。

（3）咬文嚼字可以培养学生的独立思考能力。对于一篇文章的阅读，作为学生要有自己的鉴赏能力，要善于独立思考，善于提出不同的观点。这样才能培养自己独立思考的能力。

经典文章当中的任何一个字、一个词都是作者呕心沥血所想出来的，是作者智慧的结晶。我们如果想学好语文，就有必要在阅读文章时咬文嚼字一番。因为咬文嚼字是学好语文的关键，而且这对于学生以后的写作也是很有帮助的。

咀嚼知识，加强记忆

中国有句俗语：“勤能补拙是良训”。句子中“勤”的含义就包含了对重复学习的态度和方法。有一本非常经典的管理学的书叫做《从优秀到卓越》，书中有一个比喻非常有意思：“企业就像一个巨大的飞轮，非常地重要。我们每个人去推，一下两下，可能这个飞轮会纹丝不动。但只要我们坚持下去，咬紧牙关不放弃，突然有一天，这个能量积攒到一定的数量，飞轮就会慢慢地动起来。一旦这个飞轮动起来，它本身就有了一个趋势，这个时候再去推它就会变得容易很多。”其实在学习的过程中也是这样，重复的学习可以让想要考进北大清华的学生深入了解所学习的知识的内涵，掌握学习的内部规律，使学习变得简单。

重复学习在提高记忆力方面起着重要的作用，具体来说主要体现在以下几个方面：（1）使所学的知识系统化，便于记忆。（2）有利于对知识进一步领会、巩固与应用，加强记忆。（3）弥补在掌握知识方面的一些缺陷，使基础知识进一步熟练。

课后及时复习是重复学习的重要方式，它是巩固课堂上所学知识的重要环节，也是节省学习时间和精力、提高学习效果的最佳途径。

当今社会，英语对于走向世界的中国来说越来越重要，可是对于大部分中国学生来说，学习英语是一件非常吃力的事。其实，英语不仅是一门学科，更是一种重要的交流工具。学好英语不仅是学好了一门学科，更是掌握了一项技能。所以，对于想要进入像北大清华这样高等学府深造的学生来说，学好英语不仅能提高学习成绩，也能提高自身素养。

（1）重复学习对于学习英语有着非常重要的作用。在多数情况下，学生在学习英语时往往把“背诵大量单词”和“重复背诵单词”混淆。认为“背诵大量单词”就是“重复背诵单词”。其实。这种想法是错误的。“背诵大量单词”不等于“重复背诵单词”。如果只是通过大量地背诵英语单词来学习英语，这样只是把英语当作一门知识来学习。但是，在现实的学习过程当中，学习英语不仅是在学习一门语言知识，还是在掌握一种如何与人交流的技能。知识是可以依靠记忆来获得，但是技能却是依靠重复的练习才能获得。所以“重复学习”在整个英语学习的过程中是最重要的环节，也是必不可少的环节。

2011 年重庆市高考文科状元罗诗雨现就读于清华大学经济管理专业。她也是 2011 年重庆英语单科状元，对于英语的学习她有一套独特的见解：“想要提高英语成绩，就必须先拥有大量的英语词汇量。一般在背单词的时候，我有一套属于自己的背单词的方法，就是每天只背三十个单词。具体来说，我会在第一天背三十个英语单词，每个单词写十遍；在第二天背单词的时候，再把前一天所背的单词复习一遍，每个单词写五遍；到第三天的时候，把前边两天的单词复习一遍，每个单词写五遍，以此类推。我会保证把每个单词写二十遍，隔一段时间，我会回过头来再把所有的英语单词复习一遍，每个单词写十遍。这个背单词的方法我用了六年，效果还不错。”

据罗诗雨的班主任胡老师透露，罗诗雨在 2011 年高考当中，英语取得了 139 分的好成绩。

（2）重复学习对数学很重要。罗诗雨虽然是文科高考状元，但是她的数学成绩也不容小觑。在高考当中，她的数学成绩竟取得了满分 150 分的好成绩。谈起关于数学的学习方法，罗诗雨侃侃而谈：

“有些文科生认为自己是学不好数学的，认为自己没有学数学的天赋，其实这种想法是错误的。在没有分文理科之前，大家所学的数学都是一样的。分文理科只是让学生更好地发挥自己的特长而已，并不能代表着什么。我认为有些文科生学不好数学的最主要原因是他们没有用数学的思维去学习。对于数学题，有些同学只限于知道答案，而不去深入了解它的解题方法和技巧。

在每次数学考试之后，我都会把错题分类整理到错题集上，每道错题我会做上四到五遍，直到我能熟练地掌握这一类型的题目为止。有些题目会涉及好几个知识点，每当遇到这种情况的时候，我会格外地小心，因为这种类型题的考点多，陷阱也多，稍不留神就会‘误入歧途’。我周围的好多同学都不理解我为什么会把一道题做那么多遍。其实多次地做同一道题，对深入理解知识点和答题技巧是很有帮助的。当以后遇到同种类型题的时候，就会简单很多。”

2013年的江苏省理科状元黄佳琰现就读于北京大学。在高考的时候，她是全国各地高考状元当中为数不多的“裸考生”之一。她笑称自己不太擅长搞竞赛，在谈到高考成绩时，她笑称高考是她发挥最好的一次。其实这也是她的特点，初一比小学好，初二比初一好，高一比初中好，高二高三比高一好。高三模拟，一次比一次好，直到高考。“一步一个台阶，稳扎稳打。”这是黄佳琰高三班主任周老师给这位得意门生的评价。

黄佳琰属于基础扎实型的学生，从小学开始就没有参加过奥数比赛。她的特点就是语文和英语的基础特别好，数理化相对弱一些，可是对于江苏省的理科生来说，数理化又是特别重要的。黄佳琰说：

“我在数理化这三科花的时间特别多，高三一开始我的数学成绩只在平均分数左右。我就一直找数学老师分析我的弱点，老师明确地给我指明一个方向，即使有些题目是我会的，他也会把解题思路告诉我。数学老师还告诉我：熟能生巧，对于提高数学成绩只有反复地做题才是王道。

从那以后，我经常会把一道题目反复地做两三遍，直到可以用同一种解题技巧去解不同的习题为止。到高三二模的时候，我的数学成绩已经能在年级排得上名次了。”

咀嚼不是简单“看”，而是要带着思考

韩愈曾经说过：“行成于思毁于随。”这句话强调了思考的重要性。我国著名的教育家孔子也说过：“学而不思则罔，思而不学则殆。”意思是说，一味地读书而不去思考，就会因为不能深刻理解所学内容的意义，从而不能有效地应用所学的知识，甚至有时会感到迷茫；相反，如果一味地空想而不去切合实际地学习和钻研，就像是空中楼阁一样，一无所获。

这句话教育我们在学习的过程中，只有把学习和思考结合起来，才能真正地学到知识。德国哲学家康德说：“感性无知性则盲，知性无感性则空。”这和孔子的“学而不思则罔，思而不学则殆”有着异曲同工之妙。

在学习的过程中，如果不能做到勤于思考，而是仅仅被动地接受知识，那么是不可能在学习上有所成就的。想要考进北大清华的学生要想在学习上有所成就，就必须做到以下两个方面：

（1）在学习过程中，要勤于思考。“勤于思考”包含两方面的含义：①要注重前后所学知识之间的联系，在理解知识的前提下掌握知识，而不是去死记硬背。真正意义上的学习是通过理解而进行的学习，而通过死记硬背的学习只是机械式学习。北京大学生命科学研究中心的一项心理学研究表明：基于理解所学的知识记忆更加牢固，不会轻易地被遗忘，并且容易发生迁移，在以后的学习过程中能够举一反三，触类旁通。②要善于把握知识结构的整体性。学习不能片面地学，而是要全面地学。所有科目的知识都是具有关联性的，从整体把握知识结构，会使学习变得异常轻松。

（2）在学习的过程中，要善于思考。古语有云：“尽信书不如无书。”思考是学习的灵魂，在学习的过程中，知识固然重要，但比知识更加重要的是驾驭知识的头脑。如果一个人在学习的过程中不会思考，那么他只是知识的奴隶，即使他学再多的知识也是没有用的。学习知识的关键在于理解，而思考是理解知识的唯一途径。问题是思考的源泉，没有问题就不会产生思考。所以在学习的过程中不要轻易放过任何一个细小的问题，在遇到问题时，先不要急着去请教别人，可以先试着独立思考，通过自己的思考去找寻正确的答案。这样，所获取的知识才会被深刻地记忆。

善于思考也是人类文明的重要标志。德国气象学家魏格纳在一次观察世界地图的时候，看着看着，就发现地图上的陆地就像是拆开的拼图一样。于是在他的脑海中就产生了这样的疑问：地球上的陆地会不会是由一整块陆地分裂而成的？魏格纳经过很长时间的思考和研究，这个疑问最终演化为一门新的学说——大陆漂移说。可以试想一下，如果魏格纳不懂得在观察之后进一步深入思考，或许世界上就会少一门伟大的学说。

一个善于思考的人，会从事物的表面去深挖事物的本质，从而有新的发现，他的知识面也会越来越宽。

美国著名的发明家爱迪生曾经说过："头脑不用也会生锈，经常思考才会反应敏捷。"那么，怎样才能使想要考进北大清华的学生成为善于思考的人呢？具体来说，分为以下几个步骤。

（1）要明白思考对于学习的重要意义。美国著名作家罗伯特·庞德曾经说过："运用认知能力去认识真理，这是一个十分艰苦的过程，只有那些善于思考的人，才能发现真理。"只有在理解善于思考对于学习的重要意义的前提下，才能去找寻方法，去做一个善于思考的人。

（2）利用一切可以学习的途径去积累知识。丰富的知识量是学习过程中思考的重要前提条件，也是解决在学习过程中所遇到的问题的基础。

（3）要善于观察。有很多新的发现都是从观察当中得来的，通过观察才能发现事物当中所蕴含的奥秘，激发起人们去探索奥秘的欲望，这样人们才会对新事物进行思考。所以说，观察是思考最原始的出发点。

学习的本身不是真正的目的，学会举一反三、灵活运用所学的知识才是学习的目的。因此，在学习的过程中就必须积极认真地思考，弄清所学知识的溯源以及知识之间的关联性。法国启蒙运动时期著名思想家伏尔泰说："读书越多而不加思考的时候，你就会认为你知道得越多。而你读书思考越多的时候，你就会清楚地了解到你知道的还很少。"其实，学习和思考是两个相辅相成、密不可分的环节。学习是思考的基础，而通过思考可以将学习升华。在学习上思考，才能使思考变得更加深入；在思考的前提下学习，学习才能有效果。

历史上有很多的重大发明，都是源于科学家对生活的观察与思考。比如，鲁班因为被茅草划伤了手，发明了锯；牛顿看见苹果落地，发现了万有引力定律；达·芬奇通过观察鸟和蝙蝠的飞行而设计了扑翼机……这些例子告诉我们只有认真思考在日常生活中遇到的问题，才能在学术上取得成功。

2010 年深圳市理科状元周晓磊以 707 的高分考入清华大学，为自己的高中生涯画上了一个完美的句号。她的班主任陈慧娟老师在回忆起她的这个得意门生时说道："她的最大特点就是善于总结和思考，并将压力转化为动力。" 陈老师表示，周晓磊对自己的要求很高，一直梦想着考进清华大学，而这个目标也一直激励着她不断克服学习上所遇到的困难。在遇到困难时，她总是主动地和老师、家长进行沟通，最终将压力转化为动力，从而才有了今天的成绩。

周晓磊说自己的主要压力源自于高二时没有考进重点班，为此她苦恼了好久。在高三的上半学期，全市物理竞赛和清华大学自主招生考试都失败了，这使她一度感到压力很大。但在之后的几次模拟考试中她却渐渐找回了自信。她说，独立思考是从小养成的习惯。小的时候不喜欢上学和练字，她妈妈就通过一些比较有趣的科普书和孩子们都喜欢的漫画书慢慢引导她养成自觉读书、喜欢思考的习惯。

周晓磊说："独立思考的习惯在这次高考中帮了我很大的忙。如果在学习的时候不思考，就很容易被书本牵着走。所以我给那些想要考进北大清华的学弟学妹的建议是：遇到问题时，一定要勤于思考。正所谓"流水不腐户枢不蠹"，只有经常动脑，我们的大脑才能时刻保持着高速的运转。在遇到问题时，一定要多问几个问为什么，只有这样才能实现心中的目标，考进理想的大学。

2013 年江西省理科状元龚泽惠现就读于清华大学经济管理专业，对于学习她有一套独特的见解。她说她之所以能考进清华大学，最重要的原因就是她能开动脑筋，勤于思考。在高三的一次数学模拟中，有一道题有 11 种解法，能写出 7 种就已经很不简单了，但她仍不满足，经过她反复地琢磨，认真地思考，她终于把其他 4 种解法给写出来了。龚泽慧就是凭着这股"勤于思考"、"锲而不舍"的精神，一步一步迈进清华大学的校门的。

在学习上切忌"炒冷饭"

有很多学生在抱怨，重复了很多遍还是掌握不了某个知识点，或者一道题重复了很多遍到了下一次考试时还是错。重复学习并不是单纯地"炒冷饭"，而是要做到"旧中求新"。只有在每一次重复学习的过程中都有新的发现和认知，学习才能一步一个台阶地稳步向上提升。那么，如何做到“旧中求新”呢？下面就为那些想要考进北大清华的学生总结几条已经考进北大清华的学生是如何“旧中求新”的方法。

（1）联中求新。想要考进北大清华继续深造的很多学生都知道，所有的知识都是相互联系的。所以，学生在学习的过程中要将各个小章节所学的零散知识进行梳理整合，梳通它们的内在联系，使它们成为一个完整的知识网络，这样学生在这个知识网络中就能找到知识点之间新的联系。只有在重复学习的过程中对所学知识不断有新的理解，学习的效率才能不断地提高。

（2）清中求新。“清清爽爽一条线，明明白白一大片。”这是在学习效率方面所有想要考进北大清华的学生所追求的一种“境界”。在学习的过程中，要时刻保持着对学习的理性思维，保持对于新知识的探索欲。在学习以前学过的知识时，要学会对知识点进行提炼和总结，找出它的重点内容，再结合新学的知识，发掘出新的知识。

（3）深中求新。学习的不深入是导致学生学习效率得不到提高的主要因素。现在的大多数中国学生习惯于被动地接受知识，而不是主动地学习。如果学生在学习的过程中不积极地参与，即使是最好的老师也教不出优秀的学生。北京大学的脑科学与认知科学中心的一项研究表明：学生在课堂上的积极程度，是学生在课堂上学习效率高低的决定性因素。

想要考进北大清华的学生在课堂上应该激活自己的“深”度思维，通过自身的分析、比较、总结将一些比较抽象的知识点转化为自己的知识。

早在两千多年前，孔子就曾说过：“温故而知新，可以为师矣。”意思是说，如果一个人懂得从旧的知识当中学习到新的知识，那么他就有了成为别人老师的资格。我国宋代著名的哲学家朱熹也在他的《论语集注》中提到：“言学能时习旧闻，而每有新得。则所学在我，而其应不穷，故可以为师也。”意思是说，以前所学的知识应当时常拿出来反复地钻研。通过钻研以前所学的知识，从而帮助更好地理解新学的知识。在熟知以前所学的知识的基础上，通过对比分析、联想、举一反三将以前所学的知识和现在学习的知识融会贯通，就会有新的发现、新的领悟，因此进入更高的境界，学习和掌握新的知识。

“温故”才能“知新”，通过“温故知新”，不但可以帮助想要考进北大清华的学生更好地学习新的知识，而且对于他们学习效率的提高也是很有帮助的。

郭修武是四川省2011高考文科状元，现就读于清华大学土木工程系。他在谈到自己的学习经验时说道：“其实没什么秘诀，就是在平时对知识点多‘嚼’几遍。有很多同学可能会认为这是在‘炒冷饭’，其实不然。比如你在某一时间学习到了一个新的知识点，过一段时间，你再拿出来钻研，由于心态的变化和知识面的变化，你就会对这个知识点有不同的看法。举个例子来说，高中生物书上有一个知识点‘叶绿体是细胞当中能量的转换场所’。可能当时学的时候不容易理解，但是当学了‘光合作用发生了能量转换，光能转化成化学能，光合作用的场所是叶绿体’时，以后就容易理解多了。”

郭修武同时还说道，在学习时，一定要制定好一个详细的学习计划，然后严格执行——一份完美的学习计划不仅可以使时间得到充分的发挥，还能帮助学生时刻保持一个良好的学习状态。

通常在吃饭的时候，我们会发现米饭越嚼越甜。其实，在学习的时候也是这样，只要把某个知识点多“嚼”几遍，就会从中探索出不同的奥秘，从中发现学习的乐趣所在。众所周知，我国著名的数学家华罗庚先生是自学成才的，有一次他在《科学》杂志上发表了一篇有关数学方面的论文，得到了当时清华大学数学系教授熊庆来的赏识。通过熊庆来的介绍，华罗庚进入清华大学深造数学。1936年，华罗庚到英国剑桥大学留学。当时英国的一个有名的数学家曾经断言：“以华罗庚的才气可以在两年内拿到博士学位。”可华罗庚却说：“我是来求学问的，而不是来拿文凭的。”

在剑桥大学求学的两年内，华罗庚集中精力研究堆垒素数论。他先后发表了有关华林问题、他利问题、哥德巴赫问题的18篇论文。经过反复地研究和琢磨，终于得出了著名的“华氏定理”，向世界展示了中国数学家的智慧和创新能力。

华罗庚在回国以后到清华大学任教时说道：“研究数学就不要害怕遇到困难，再难的难题，只要肯钻研，就一定能被攻破。“

Chapter 5

整理法：

定期清理大脑，释放活力空间

在日常生活中，总有一些没用的杂物堆放在房间的某一处，使房间显得杂乱无章，当想存放一些重要的东西时却发现已无空间。其实我们的大脑就如同房间一样，而大脑中所储存的记忆，就像是房间里所放置的东西一样。人的大脑容量虽然大得惊人，但是能被开发利用的却不是很多。而定期地清理大脑中的记忆就像定期地整理房间一样，不但可以空出更多的空间记忆更多的知识，而且对于缓解大脑的压力也有一定的帮助。

定期地清理大脑中的记忆，对大脑中的记忆“取其精华去其糟粕”，不仅可以让想要考进北大清华的学生提高学习效率,还可以使学生的大脑得到放松，以更加饱满的精神投入到学习当中，从而更容易地学习新的知识。那要如何清理大脑中的一些冗杂记忆呢？下面就为想要考进北大清华的学生介绍四种具体的方法：呼吸清理法、记录整理法、要紧整理法、分类整理法。

呼吸清理法：在一呼一吸间整理学习的“思想”

有的时候，很多学生的学习成绩得不到提高的根本原因就是在学习中盲目地学，不懂得取舍。教科书上的知识点很多，但考点却不是很多。想要进入北大清华继续深造的学生，应当紧抓住学习的重点，在学习过程中要有的放矢地学。

其实，学习的过程就像我们日常生活中的呼吸一样，要把老师在课堂上所教的内容全部吸收进去，然后通过大脑对知识进行甄别、筛选、剔除、整理归纳，将有用的知识记忆在大脑里。总的来说，学习的过程就是将知识过滤的过程。

在学习的过程中，学生要将所学的知识进行过滤，并学会鉴别所学的知识，去伪存真。这对学生的学习有着重要的意义，其具体体现在以下几个方面。

（1）有助于学生的学习效率的提高。在学习时，学生可以通过对所学知识进行筛选鉴别，提炼出知识要点，使学习变得轻松。有些科目的学习要求尽可能地全部记忆知识点内容，比如像语文、英语、数理化的一些基础概念等，而有些科日的学习只要求记个大概就可以，不必详细地记忆，比如政治、历史的简答题等。

（2）有助于学生良好学习习惯的养成。一个良好的学习习惯可以使人受益终生，但是良好的学习习惯不是那么容易养成的。当我们在学习一些内容比较多的知识点时，势必会想方设法地去将其精简，而在精简的过程中不自觉地就会开动起大脑，久而久之，就会养成一边看书一边思考的好习惯。

（3）提高记忆力，合理利用大脑空间。据北京大学脑部科学研究中心的一项研究表明：人的记忆被开发了不到1%。在这种情况下，想要考入北大清华的学生就得学会对所学的知识进行甄别和筛选，从而使有限的记忆空间可以记忆更多的知识。

对于知识进行筛选鉴别是有一定的前提条件的，下面就为想要考进北大清华的学生总结几条筛选鉴别知识的条件。

（1）拥有丰富的知识储量。俗话说：“熟读唐诗三百首，不会写诗也会吟。”丰富的知识储量是鉴别知识的一个重要前提条件。英国著名的数学家巴罗认为一本好的书籍可以充当人类的良师益友、可爱的伴侣和温情的安慰者。想考入北大清华的学生在日常的学习当中，要不断地吸收新的知识，因为这能提高学生对于知识的理解能力，而理解是对知识进行筛选的重要前提条件。

（2）拥有鉴别的能力。我国伟大领袖毛主席曾经说过：“没有比较就没有鉴别。”在学习的过程中也是这样，只有学会进行比较，才能区分知识点之间的不同点。而拥有鉴别的能力是对知识进行筛选鉴别的基础条件，只有拥有鉴别能力，才能更好地对所学的知识进行筛选鉴别。

辽宁省2012年高考文科状元郑秋月现就读于北京大学工商管理专业，说到自己的学习方法时，她侃侃而谈：

“其实，我的记忆力并不是特别好。初中时，我的成绩只能算得上是中等偏上；到了高中，周围都是一些优秀的同学，我才意识到不努力是不行的，于是我就下定决心要好好学习。开始时我也会对课本上的知识一股脑地全部记忆。虽然这样做取得了一些成效，可是随着所学知识的增多，学习成了我的一种负担。那个时候，我的脑袋整天昏昏沉沉的，上课也不好好听讲。高一班主任发现了我的这种情况，找到我，并且向我了解情况，我一五一十地向她说明了原因。她对我说：“学习也是要讲究方式方法的，不能盲目地学。门门通不如一门精，课本上的知识点有些是需要熟记的，但是大部分只需要大概了解就可以了。如果不对知识进行筛选，很容易造成大脑的负担，这样更不利于以后的学习。”

听了班主任的话以后，我茅塞顿开。老师说得对，人的大脑记忆空间毕竟是有限的，怎样才能使有限的记忆空间记忆更多的知识，成了我经常思考的一个问题。在学习的过程中，我慢慢地发现对于有些知识点是可以进行精简记忆的，比如对于历史知识，只要记忆历史事件发生的时间、原因和意义就可以了。而有些知识点是可以不去记忆的，比如教科书上的一些常识性的知识点。长此以往，我学会了对所学的知识进行有选择性的学习，在学习的过程中我会选择一些比较重要的知识点记忆。这样一来，不仅学得更轻松了，学习效率也提高了不少，同时还培养了我独立思考和判断的能力。对知识点进行甄别和筛选有助于学生找出各个知识点内部的联系，为以后建立完整的知识体系打下坚实的基础。也是因为用了这个方法，我才能考进我梦寐以求的北京大学，到了北京大学我会更加努力地学习。”

陕西省 2013 年的理科状元王鹏宇以 714 分的高分考入清华大学信息工程学院，他在谈到自己的学习经验时说道：

“因为我家在陕北农村，家里的经济条件不是很好，所以高中三年我几乎没有买过参考资料。在我看来，课本就是最好的参考资料。在学习的过程中，我会先把课本上的知识点罗列出来，将其中的重点内容摘选出来，把一些不太重要的知识点剔除出来单独放在一个本子上。

我始终相信“态度决定一切”。所以我觉得端正学习的态度是提高成绩的关键所在，但是寻求正确的学习方法也是非常有必要的。现在大部分的学生还是处于被动的学习状态，但是想要考进北大清华的学生要明白在课本上死记硬背所学来的知识始终不是你的，我认为学习的过程就像人呼吸的过程一样，把知识中的“氧气”留在大脑深处，把知识当中的“二氧化碳”排出体外。这样，才能让所学的知识永久保存在记忆深处，并且可以灵活运用。因此说定期地清理脑海中的不良记忆，让头脑以一个轻松的状态去学习，才能更好地提高学习效率。”

记录整理法：给大脑一定的空间

从小到大，我们在大脑中储存了大量的记忆和所学的知识，这些记忆和知识都是我们人生当中最重要的财富，但大脑中可利用的储存空间毕竟是有限的，所以每隔一段时间，大脑会自动地将记忆进行筛选剔除。有些记忆是我们不愿意忘记的，这个时候最好的解决办法就是将一部分的记忆整理记录下来，给大脑留出一定的空间去记忆一些当前比较重要的信息。记录整理法具体来说，有以下一些优势。

（1）让学生的记忆变得有条理。有的学生在记忆知识的过程中主要采用的方法就是学到哪记到哪，毫无规律可言。北京大学脑部科学研究中心的一项研究表明：有条理性的事物更容易被人的大脑记忆，而那些杂乱无章的事物在记忆时不但花费的时间长，而且在短时间内也容易被忘记。所以，把所要记忆的知识整理记录下来不仅可以使记忆变得有条理，还能更高效地记忆知识点，同时也能锻炼学生的总结归纳能力。

（2）提高学习效率。有些学生在学习时没有章法，喜欢“胡子眉毛一把抓”。这样做不但浪费时间，而且学习效率不高，这样容易造成一些想要考入北大清华等高等学府的学生产生厌学的情绪。而把所要记忆的知识点整理记录下来，可以让学生对于学习中的重点内容一目了然，分清事情的轻重缓急。比如在一场历史考试之前，想要考入北大清华的学生可以优先记忆容易失分的选择题部分，留下少许的时间记忆一些简答题。在完成一项记录中的任务时，学生会产生一种成就感，而这种成就感会转化为学生继续学习的动力。

（3）培养学生在学习过程中“动笔”和“动脑”的好习惯。南宋哲学家朱熹在他的《训学斋规》中提到“余尝谓：读书有三道，谓心到、眼到、口到。”而在学习的过程中，不仅要做到这三到，还要做到手到。学生在整理记录所要记忆的内容时，无形当中就把所要记忆的内容又温习了一遍，从而加深和巩固了所要记忆的内容。而整理记录所要记忆的内容不是单纯地把内容记录下来，而是要通过思考对所学内容有挑选地记录。久而久之，学生就会养成在学习的过程中“动笔”和“动脑”的好习惯。

记录记忆的方式有很多种，比如像生活中的一些美好回忆，我们可以以写日记的形式把它记录下来；生活中的一些美好瞬间，可以用照片的形式记录下来。在学习上，做笔记是记录脑海中多余记忆的一种有效的方法，我们可以把一些不常用到的知识点记录在笔记本上，然后把相关记忆暂时从大脑中剔除出去，给大脑留下足够多的空间，记忆更重要的知识。

江苏省 2012 年的高考理科状元华天韵，以 444 分考入她梦寐以求的北京大学光华管理学院。在谈到如何学习的时候，她显得格外的兴奋：

“这次能考这么好的成绩是我没有想过的。我的智力和普通人差不多，我也没有上太多的补习班。如果非要说出个什么技巧的话，可能是我的手和脑比较勤快吧。我记得在读小学一年级的时候，学过一首儿歌《人有两个宝》：人有两个宝，双手和大脑；动手又动脑，才能有创造。当时我不明白这是什么意思，于是我就去问妈妈，妈妈告诉我只有经常动手和动脑的小朋友才会变成聪明的小朋友。于是，我就记住了这句话。升入高中，我就特别羡慕那些智商高的同学，为了和他们取得同样好的成绩，我唯一的办法就是努力学习，因为我始终相信‘勤能补拙’。

在高三的上学期，我把所有要学的内容记录下来，找出它们当中需要优先要学的，这些内容通常是一些基础性的知识点。然后根据这些基础知识进行拓展。在记录的过程中我会用不同颜色的笔，根据事情的轻重缓急进行标注，比如比较重要又不容易记忆的内容我会用红色的笔标注，并且花较多的时间去学习它；用蓝色的笔标注一些重要但容易记忆的内容，这些内容花费的时间可能会相对少一些。记录内容使我的学习变得有条理，思路变得清晰，学习变得容易了很多。不仅如此，通过记录整理知识内容我还节省了很多的时间，提高了学习的效率。”

黑龙江省2012年高考文科状元李佳楠选择的是北京大学的工商管理专业。当知道自己是文科状元的时候，她喜极而泣，因为高一、高二的时候，她的成绩并不理想。她在被问到学习经验时说道：

“其实，我也没什么特殊的学习方法，和其他同学的学习方法差不多。如果硬要说点学习方法，我觉得那就是多动脑，培养思维模式，再就是跟着老师的节奏走。高二的一次期中考试，我的文综成绩只有200分，这对我的打击很大。后来，我在研究试卷的时候，发现失分的都是一些选择题。在以前学习的中，我认为后面的简答题和论述题的分值比较高，所以就把大多数的时间用于记忆简答题和论述题上，对于前面的选择题和判断题基本上没有放在心上。

经过那次的失败经历，我明白了在记忆知识的时候也要讲究方式方法。于是，我准备了一个本子，把要记忆的内容罗列出来，将所有要学的内容划分三个等级：（1）内容少、易考到、容易失分的内容主要是在试卷前面的选择题和判断题中，并且在考试中所占的比例通常是40%，想要进入北大清华的学生一定要重视这部分内容。（2）内容多、容易考到、容易失分的内容一般是以简答题的形式出现。主要考的是某件历史事件发生的原因、影响以及所产生的意义。这部分内容只需要记忆每段话前面的一句话就可以了，这句话往往是对这个段落的总结。（3）内容多、不易考到、容易得分的内容，主要是论述题的部分，在以往的答题过程中，只要不过分偏离题目的中心考点，基本上是作答了就可以拿到分。这部分的内容虽然容易得分，但也不是说它就可以被忽视，在特殊的情况下，论述题和前面的简答题有可能是相通的，所以不能掉以轻心。通过这样的方式学习了一段时间后，到了高二的最后两个月，文综已经不是我的"短腿"科目了。但这次能在高考当中超常发挥，是我没想到的。当我接到班主任刘老师的报喜电话时，我甚至以为刘老师打错电话了。我在电脑前把分数前前后后加了十多遍，才确认我的高考分数。

重点整理法：修剪大脑里"冗长的枝叶"

在春季来临的时候，园林师会给花草树木修剪枝叶，有很多人认为修剪是为了使花草树木变得美观，但真正的目的是为了消除它们多余的枝叶，以使它们更好地生长。其实，在学习的过程中也是这样，当我们学习一门新的知识或者学科的时候，老师会要求我们对其进行全面地学习，而等到能熟练地掌握它时就不必记忆全部内容了，只要记忆它的重点内容就可以了。

有很多想要考进北大清华的学生都懂得这样一个道理：一台性能再好的电脑，里面储存的东西如果过多也会导致其工作速度降低，有时甚至会使其瘫痪死机。人的大脑也是这样，如果大脑所记忆的东西过多，会给大脑带来严重的负担，使其无法正常地工作。而在学习的过程中，想要记忆整本书的内容也是不切实际的，更没有那个必要。

立志考进北大清华的学生，在学习的过程中更要懂得把握重点，对此大家可以借鉴北大清华学子在学习时的一些经验：

（1）确立正确的心态。当今的学生要学很多的科目，所以想面面俱到是不可能的，就像学习数学时，要学的知识点有很多，如果想全部学透彻可能性是极其小的，所以一定要懂得抓重点。

（2）快速浏览考试大纲和课本目录。通读考试大纲可以让想要考进北大清华的学生了解考试的重点，从而在学习课本的时候能够做到有的放矢。

（3）在学习的过程中勤动脑。即使是考试大纲也不都是考试的重点，所以在通读考试大纲的时候，一定要勤动脑，善于思考。在学习的过程中，通过思考将考点吸收消化，最终变为自己的东西，这样才能在考试时灵活地运用。

叶一豪是新疆维吾尔自治区2012年高考理科状元。在谈到学习经验时，他说，基础是最重要的，平时在课堂上跟着老师的上课节奏走就好，课后一定要多做练习题。他还强调说：

“在掌握基础知识的前提条件下，要找出学习的重点。我所说的学习重点不仅只是指课本上的重点和难点，还包括在学习过程中的盲点，特别是数学。数学的概念和公式比较多，而且在考试当中往往会把很多知识点糅合在一起考，所以就更应该把握重点。数学当中的一些重点公式可以变化成多种形式的考点，如果不深入理解它的含义就很难在考试当中灵活地运用。相比之下，像文科类的科目在找重点时就简单很多。文科的重点一般比较直白，能在短时间内快速找到。就拿历史来说，在学习历史的时候，只要重点记忆某事件的发生时间、地点、人物、起因、过程以及所产生的意义就可以了。而那些和我一样想考进清华大学的学生，一定要记住：保持良好的心态也是在高考当中取得成功的制胜法宝。虽然在高三复习的时候时间比较紧张，课余的时间都用来学习，但是我也在不断地调节心态，确保自己以最佳的状态去考试。”

分类整理法：将知识分类，让思路更清晰

北京大学脑部科学与认知科学中心的周晓林教授曾经组织学生做过这样一个实验，他在黑板上写如下的词：工程师、漂亮、飞机、小狗、快速、老师、老虎、火车、主持人、公交车、长颈鹿、完美，然后要求学生在一分钟之内把它们全部记住。他话音刚落，教室里就响起了学生背词语的声音。一分钟以后，大部分的学生都背不全，只有一位同学完整地背出了黑板上的词语。周晓林教授让他到讲台向大家讲讲他是如何记忆的。那个同学在黑板上写了几行字，职业：工程师、老师、主持人；形容词：漂亮、快速、完美；交通工具，飞机、火车、公交车；动物：小狗、老虎、长颈鹿。当他写完以后，下面的同学一片哗然，而周晓林教授走上台说道："这次实验的主要目的是要告诉你们，有的时候学习是有技巧可言的。有时看似冗长的内容，通过分类便可很容易地记住它们。"

在学习的过程中，我们每天所学的知识就好比每天从老师那里索取一些东西，只有极少数的学生会将这些东西分类整理，而大部分的学生则会处于一种无序堆放的状态。在考试的时候，这些学生就会在杂乱无章的记忆中随便摸索，想到什么就写什么，以为只要写了老师就会给分，而像这种"瞎猫碰死耗子"的做法在考试当中是不可能得到高分的。有些学生往往不明就里，误以为自己在考试当中没有拿到高分的原因是没有认真审题，而不知道拿不到高分的根本原因是答题方向不明确，遇到问题时没有用正确的角度去思考。

比如，在某次高考当中文学类文本《背影》的第 15 小题："在小说当中，朱自清两次提到父亲的背影，在情节关联上有什么作用，请用简短的语言进行描述。"有个学生回答的是"连接前后文，总领全文，使文章结构完整有条理。"很明显这个学生答非所问。最后这个学生仅以三分之差与清华大学失之交臂。

对于大部分学生而言，在高三最后的冲刺阶段，学习新的知识点已经不再是重点，想要考进北大清华的学生应该把所有的精力放在怎样将原有的知识点进行分类整理上。特别是在语文学科的古代诗词阅读和现代文阅读方面，这两个方面是语文成绩拉开差距的重要原因，也是大部学生容易忽视的地方，所以将其分类整理记忆是至关重要的。只有将其进行分类整理，学生在解答这种类型的题时，才会思路清晰，回答的内容才能有依有据，才能拿到高分。

在现实的学习生活中，分类整理法是提高学生学习效率的一种高效学习法。之所以学生不重视分类整理法，是因为大部分的学生还不明白对知识分类整理的重要性。下面就为想要考进北大清华等高等学府进行深造的学生，总结几条对所学的知识进行分类整理的原因。

（1）有助于掌握知识。北京大学教育学院的朱红教授曾经就提出一个非常经典的高三备考语录：高三的复习就是掌握知识，要做对题。能否掌握所学的知识是检验学习效果的唯一标准。课本上的知识点有很多，光靠死记硬背是很难掌握的，更多地是需要去理解。将所学的知识进行分类整理可以有效地帮助学生理解所学的知识内容，让学生更好地掌握所学的知识。

（2）有助于对重点的掌握。课本上的知识点虽然有很多，但是重点内容却不是很多。就拿政治学科当中的经济学部分来说，看似长篇大论的内容，归根结底，它的最核心的内容也就是商品的概念及意义、货币的概念及意义、货币是充当一般等价物的商品、价值规律等。而将所学知识进行分类的最主要目的就是突出重点。

（3）对提取知识很有帮助。在现实的学习过程中，如果掌握了一个完整清晰的知识体系，那么在考试当中遇到问题时，就能准确有效地对知识进行提取，从而快速找到解题思路。如果不把所学知识进行分类整理，大脑中所记忆的知识点就会混乱不堪，在考试的过程中也会容易将一些重要的知识点或者解题关键步骤遗漏掉。

（4）有助于知识体系的形成。建立一个系统有效的知识体系对于学习是很有必要的，而将知识进行分类整理则有助于知识体系的形成。将知识进行分类整理，把相互有联系的知识点串联起来，从而形成一个完整的知识体系。有效的分类整理，可以让学生了解如何学好一门学科，哪些内容是重点，哪些内容是在考试当中不考的。

（5）让知识的积累从量变到质变。现在有很多学生经常抱怨自己很努力地学习，成绩却不见提高。这时，这些就需要学生对所学的知识进行分类整理了。清华大学教育研究院的李曼丽副教授曾经说过：“懂得分类整理的学生比其他的学生的学习效率要高很多，在每次的分类整理中，学生的学习能力都会得到一次提高，学习的思路也会更加清晰。”当然，在对知识分类整理的同时，要多做练习题，这样才能取得预期的效果。

湖南省 2013 年高考理科状元李卓然以 704 分的高分考进清华大学，当被问到有什么学习“秘笈”时，他笑着说道：“快节奏、高效率的学习，做每一件事情都要全身心地投入其中。”

在谈到平时怎样学习时，李卓然说：

“其实也没有什么特别的方法，就是在课堂上跟着老师上课的节奏，课后将所学的知识点进行分类整理。在课堂上紧跟老师上课的节奏会使我不容易走神，在课后休息的时间我会对所学的知识进行分类整理。一般我会将文科类的科目，比如语文、英语以及政史地；理科类的科目，比如数理化生用两个记事本记录。理科生在学习文科类的科目时会惯性地使用一些理性思维去思考问题，我也不例外。我非常注重语文方面的分类整理，比如语文考试中的古文诗词阅读和现代文阅读；人物传记类的文章的主要表现手法是引用，从描写手法而言，引用可以分为直接描写和侧面烘托。在文章中使用名人名言、直接套用古诗词等都属于直接描写；文章中的回忆、朋友诉说等都是侧面烘托。一般来说引用的作用可以分为两类：第一类，起引导的作用：引用主人公的原话，可以直接向读者传达主人公的思想，增强文章的感染力；为文章的作者的论述提供了依据，使文章的内容显得不那么空洞；可以增强文章的正式性，容易引起读者的共鸣；有助于读者在阅读这篇文章时更深层次地了解主人公的思想境界，对于这篇文章的理解更加深刻。第二类，起渲染的作用：充分使用文章主人公的历史资料，可以让作者在写文章时把文章的主人公描述得更加形象生动，从而更好地展现文章主人公的精神面貌；使读者更好地了解文章的主人公，激发读者的阅读欲望；更好地阐述作者的观点和思想感情；使文章的真实性更强。

分类整理的好处就是让我在考试答题过程中有方向性地答题，不会出现答非所问的情况。在高三的最后冲刺阶段，不用一味地寻求新的知识，也不必做过多的类型的题目。在学习的过程中，要多思考分析，多分类整理，脚踏实地地过好每一天。”

Chapter 6

纠正法：

纠正错误的学习方法，让成绩飞起来

人的成长是一个不断经历失败、纠正错误，最终取得成功的过程。其实，学习也是这样。一次考试的失败并不代表着什么，能否从考试失败中总结出经验才是能否提高学习成绩，甚至能否考上北大清华的关键。

在现在的学生当中普遍还存在着这样的现象：错过的题目反复地错。从学习方法角度来看导致学生重复犯错的原因是在纠错的过程中纠没有纠彻底，且纠错思维不够有深度。据清华大学教育研究院的一项调查结果表明：多数的中学生的纠错方法是在老师讲解以后，或者是在自己大概明白以后，把错题的答案改过来就扔到了一边再也不去理它了，更不会对错题深入研究，这样做的后果就是失去了对相关知识的弥补和深化。要知道，学习成绩的提高就是发现问题、解决问题、在考试当中降低出错率的过程。如果梦想考进北大清华，就要降低考试当中的错误率，这样才能有机会实现梦想。

纠正知识的错误，提高知识的深度

我国古代常用“开卷有益”来劝勉别人要经常读书，可是开卷真的有益吗？这是一个值得深思的问题，提出这句话的人在说这句话的时候肯定没有用辩证的思想去对待读书的问题。如果将这句话加上辩证思维，可以把这句话改成“开好卷才有益”。想要考进北大清华的学生如果看一些“漏洞百出，鬼话连篇”的书，还不如不看的好。因为在看这些书籍时如果不能及时地发现书中的错误，读书的人很容易被书中的错误内容所误导，这样就会产生错误的思维，甚至会导致不好的后果。学生在学习的过程中也是这样，对于知识的“一知半解”比无知的后果还要可怕。对于知识的一知半解如果长期得不到纠正，很容易在学习的过程中产生错误的思维方式，长此以往，这种错误的思维方式会在学生的脑海中根深蒂固，造成对知识的错误认识，最终导致在考试中拿不到好的成绩。所以，想要考进北大清华的学生在学习的过程中要定期地纠正知识的错误。

其实，在学习的过程中，纠正知识的错误简单有效的办法就是写错题集——一道错题背后隐藏的是对相关知识的错误认识。具体来说，写错题集有以下几点：

（1）节省学习时间，快速提高学习效率。有些学生喜欢在老师讲解试卷的时候把错题的正确答案以及注解直接写在试卷上，这样做看似节省了时间，但时间一长，这些试卷就有可能不易找寻，甚至丢失，当需要复习相关知识点的时候，就会四处翻找，这样就浪费了大量的时间和精力。如果能将错题集中写在固定的本子上，在复习时就可以随时翻阅，起到事半功倍的效果，从而提高学习的效率。

（2）突出重点，增强学习的自信心。有些学不好数学的学生会以为自己在数学方面没有天赋，从而对数学的学习丧失信心。俄国著名的教育活动家德尔斯诺斯基指出：“数学学科知识就好比一棵枝繁叶茂的参天大树，各个知识点就是它的枝干。”从这句话中就可明白，数学当中的各个知识点都是内部联系的。想要考进北大清华的学生可以在整理错题的过程中找出自己在学习过程中存在的不足，并及时弥补和加以改正，从而更好地掌握相关知识点。长此以往，就可以形成一个完整的知识体系，为以后考试时不出错或者少出错打下坚实的基础，提高学好数学的自信心。

（3）便于学习经验的交流，激发学习的兴趣。2007 年以 716 分考进北京大学的薄诗雨同学就曾经说过这样一句话：“一本好的错题集就是一本最优秀的参考资料。”错题集不仅可以作为自己随时翻阅的资料，也可以作为同学之间交流学习经验的辅助工具，正所谓“他山之石，可以攻玉”。经常和同学交流学习经验，可以帮助自己及时发现学习方法中的不足。

（4）可以帮助学生养成良好的学习习惯，减轻学生学习的负担。写错题集，可以促使学生课前认真预习，上课认真听讲，课后认真复习的好习惯。只有这样做学生才能深入理解所学知识的内容，在考试的时候才能将错误率降到最低。这样错题集上的错题量才能缩小，在复习的时候就不用再采取题海战术，从而起到减轻学习负担的作用。

总而言之，学生若能自觉地、主动地写错题集，不仅可以纠正对知识的错误认识，还可以帮助学生梳理学习过程中的薄弱环节，重点击破，从而进一步完善学生所建立的知识体系，增强学生的学习兴趣，进而提高学习效率。

内蒙古自治区 2012 年理科高考状元祝凌霄以 707 的高分考进清华大学。虽然在高考之前，他就已经获得了清华大学的保送资格。但他还是参加了高考，他的很多同学都说他是一个数学天才，但针对这种说法他连连摆手笑着说道：

“我哪是什么数学天才，我的智力水平和普通人一样。我学习数学的唯一方法就是写错题集。每次考试之后，我都会把试卷上写错的题整理在错题集上，试着用不同的方法解题。等到老师讲解试卷的时候，我会把老师的解题思路抄写下来，然后将我的解题思路和老师的解题思路进行对比，找出我的解题思路中的不足，从而逐步提高学习成绩。对于每道做错的题，我通常情况下都会做五到六遍，这样不仅可以锻炼我用不同的思维去思考问题，还培养了我考试的时候认真研究题目的习惯。”

北京市2013年高考理科状元朱宸卓以725分考进清华大学电子系，而他现在已经被选入了清华大学的“领军计划”。他说：

“虽然我一直在重点班，但是我的学习压力没有外人想得那么大。相对于班上有些同学的‘加班加点’的学习方法，我更乐意用一种比较轻松愉快的学习方法。我认为想要考进北大清华的学生就不能对知识存在一知半解的情况。对于一个知识点我会反复地研究几十遍，直到我完全弄懂它为止。

记得有一次考试，试卷上有一道题考的是有关工业革命的，而课本上对于这方面的介绍不是很全面，于是我就到清华书店找资料。在那里呆了一整天，我终于查到了相关资料，弄懂了会选那个答案的原因。有很多同学不理解，他们认为这不就是一个选择题嘛，即使错了也不过只有两分的分值。我认为这种想法是不正确的，学生在学习的过程中，对于一个知识点不仅要知其然，还要知其所以然。而且在高考当中，即使是一分的分值，也会造成两个学生的云泥之别。”

边学习边纠错，不要让错误越积越多

我国古代著名的哲学家韩非子在他的《喻老》篇中提到：“知仗之堤，以蝼蚁之穴溃；白尺之室，以突隙之焚灭。”意思是说，坚固的千里之堤，可能因为小小的蚁穴而造成决堤；百尺的高楼，可能会因为烟囱里冒出的火花而造成大火，焚灭高楼。这句话意在告诫人们不要轻视小的事情，如果长期不重视小事最终可能会酿成大祸。在学习上也是这样，看似小的疑难问题，如果得不到解决的话，在以后的考试中它可能就是一个非常严重的失分点，特别是在关乎人的一生的高考当中。

有很多学生认为有些小的知识点，自己已经很明白了，就不用再浪费时间去钻研它了。在考试中，即使考到，自己也会轻松地写出答案。但实际情况是，在考试中造成学生失分最多的往往是这些平时被学生忽视的小知识点。

想要考进北大清华的学生在学习的过程中不仅要关注这些小的知识点，还要学会纠错——对于自己容易出错的知识点，要专门进行纠错，这样下次就不会再犯同样的错误了。而且，通过纠错，学生还可以对一种类型的题目做到触类旁通。

其实，纠错的过程就是将不易理解的知识点或者别人的一些优秀的解题思路转化成符合学生自己的思维模式的过程，最后取得举一反三的效果。

那么学生在学习的过程中应如何纠错呢？下面就为想要考进北大清华的学生总结几条纠错的步骤。

（1）建立纠错档案。这是纠错的第一步。在一场考试结束以后，老师讲解试卷之前，学生应当对于试卷自行检查一遍，将那些因为笔误、粗心所造成的失分的题目排除掉以后，将剩余的题目以活页的形式进行建档。有的时候不必将题目全抄下来，可以将题干浓缩成一句话，也可以将题目直接从试卷上剪下来，贴在本子上。在老师讲解题目前，学生可以试着分析造成错误的原因，找出自己在考试中的错误根源。

（2）写纠错记录。这是纠错过程中的最重要的一个步骤。写纠错记录一般是在老师讲解试卷以后，记录的内容一般包括以下几个方面：

①正确的解法。主要是老师解题的思路和方法，要注意的是解题的切入点、解题的技巧、步骤的规范化。学生可以在课后按照老师的正确解题思路，再把题做一遍，这样不仅可以加深印象，还可以逐步养成用正确思路解题的能力。如果一道题有很多种解法，可以试着用不同颜色的笔进行标注，并在旁边写明哪种方法更简便。

②反思总结。总结不仅仅是记录一道题目正确的答案，更主要的是学生要总结做错题的根源和自己在考试过程中解题思路的误点。刚开始纠错的时候，有些学生可能会感到困难，但是只要坚持下去，就会形成别具一格的纠错风格，进而提高自己的学习成绩。

③学会举一反三。对于“纠错档案”里的错题，不是说把正确的答案写在本子上你就能弥补知识点的漏洞了，每一道错题，还必须在课本或者参考资料上找到相似类型的题目，举一反三。如果能轻易地解出正确的答

案，并且思路清晰，那就说明你已经完全掌握了这类知识点。

（3）归纳总结。想要进入北大清华继续深造的学生可以通过对错题的总结归纳，总结出处理某一类型问题时需要注意的方面。比如，在解决有关函数绝对值方面的问题时应注意以下方面的内容：定义域（这是最关键的）；善于利用函数的奇偶性和单调性来解题；计算时一定要认真仔细，不可马虎大意。

（4）分类整理。学生在纠错的过程中，要根据不同章节的知识点对错题进行分类。可以把同一章的知识点写在一起，这样做有利于学生从整体上把握和理解知识，理清知识结构，从而熟练灵活地运用知识。除此以外，学生可以把考查同一知识点的错题进一步地进行分类，比如分为粗心大意类、知识模糊类、答题技巧类等。

（5）完善补充。在每次记录一种类型题的时候，首先可以在脑海中回忆在纠错本上有没有这种类型的错题，如果有就可以把这道题放在它的下面，便于以后进行比较。

湖南省 2013 年理科高考状元周之恒以 682 的高分考入北京大学光华管理学院。

她对于获得状元称号显得特别淡然，她说："中国每年都有高考，而且每个省都会有两个状元，所以说中国从来就不缺状元。"

在谈及学习方法时，周之恒说：

"学习贵在坚持和专心，学习对我而言并不是什么困难的事情，相反我觉得学习是件特别好玩的事。在读小学的时候，父母就要求我在晚饭之后不能再写作业，所以我放学回家要做的第一件事就是写作业。在写作业的时候必须全神贯注。长此以往，我就养成了专心学习的习惯。由于我妈是老师的缘故，所以她特别注重我的学习，每隔一段时间，她都会来检查我的学习情况。妈妈对于我的要求就是要经常进行纠错。妈妈告诉我只有不断地纠错，才能不断地在学习上取得进步。"

在谈到具体的纠错方法时，周之恒显得格外的开朗。她说：

"我的纠错笔记是从初中开始写的。小学时我认为写纠错笔记非常麻烦，所以当时我没有写纠错笔记。后来随着年龄的增长，我渐渐地发现了写纠错笔记的重要性。在我的纠错笔记里，通常包括以下内容：

（1）总结出错的规律，构建模型。纠错笔记的主题虽然是错题，但是如果能将错题的内核总结出来记在本子上，效果会比一味地抄题好。特别是高三的数学题，一些选择题转化一下形式就有可能变成填空题，在不同的试卷上的大题有可能是在考查同一个知识点。如果你能及时发现其中的奥秘，以后再考到这种类型的题时，便能举一反三，问题也会迎刃而解。比如，数学中的裂项法是一种技术含量特别高的方法，虽然它的解题方法有很多种，但是常考的也就那几种。在纠错笔记上总结出来并经常温习，以后再遇到裂项的题目时就能轻松应对。还有像函数、几何导数，它们当中的有些定理在课本上是根本不可能学到的，可是在考试中却经常会考到。所以想要考进北大清华的学生在学习的过程中一定要做一个有心人，做题时要把有些课本上没有涉及到的知识点或者新的解题思路都记在纠错本上。这样的知识点或者解题方法在大脑中积累得越多，在以后的答题过程中就会越得心应手。

（2）常用的公式。和差化积、积化和差、立方和公式、平方差公式、诱导公式，物理磁感应中的求电量的公式、一些常见的化学公式等等。

（3）记下知识点和一些小结论。理综的一些知识点比较杂，可以在纠错笔记上记下“容易被忽略的，但是需要被记住的知识点”，比如生物上微生物新陈代谢异常旺盛的原因、DNA提取与鉴定中所需要使用的药物，物理中第一宇宙的速度，化学中各个化学物质的溶解性，等。

（4）在考试中的一些注意事项。以我为例，在物理考试中我容易忽视摩擦力的作用，于是在纠错笔记上我会记上“千万不要忘记摩擦力”在做考查抛物线的题目时容易求错焦距，于是我在笔记上记下了“注意将抛物线化为标准形式”，当老师强调书写的重要性时，我就记下了“书写要规范”

改变错误的学习习惯，提高学习效率

爱因斯坦曾写下过这样一个公式：W=X+Y+Z。其中 W 代表成功，X 代表好的学习方法，Y 代表科学的方法，Z 代表良好的习惯。叶圣陶也曾经说过："什么是教育？一句话，就是要养成良好的学习习惯。"

良好的学习习惯是当今学生必备的一项素质——它不仅对学生现在的学习有所帮助，还会影响到学生今后的工作和学习。良好的学习习惯可以在学习的过程中经过反复练习而养成，并使其成为学生自觉学习的一种行为方式。

良好的学习习惯具有以下几个方面的优势：（1）有利于激发学生学习的主动性和积极性。（2）有利于学生形成良好的学习思维，提高学习效率。（3）有利于培养学生的自学能力。（4）有利于培养学生的动手能力和创新精神。

那么良好的学习习惯有哪几种呢？下面就为想要考进北大清华等高等学府的学生介绍几种良好的学习习惯。

（1）主动学习。在不用别人进行督促的情况下，学生能主动地学习。北京大学的脑科学与认知科学的一项研究表明，学生主动学习的效率要比被动学习的效率高出很多。所以学生在学习的时候必须要求自己处在一种良好的学习状态中，集中精神，利用好每一分钟学习的时间，并长期坚持，这样就会养成主动学习的好习惯。

（2）按时完成老师所布置的学习任务。在规定的时间内完成老师所布置的学习任务，是每位学生都应该做到的事情。学生可以根据学习任务的多少把学习时间分为若干份，把每段学习时间都安排上学习任务，并且严格要求自己一定要在规定的时间内完成。这样做，可以有效地减少甚至避免学生在学习的过程中出现注意力不集中的现象，从而有效地提高学生的学习效率。学生在每完成一个学习任务时，都会有一种成就感，这种成就感会促使学生以更加饱满的精神状态投入到下一轮的学习当中。

（3）各科全面发展，不偏科。现代社会需要的是全面发展的复合型人才，所以学生在学习的过程中要全面发展，切忌出现偏科的现象。有些同学有可能出于某种原因而不喜欢某一科目，但是学习不是说不喜欢就可以不学的；相反，不喜欢的科目更应当被重视起来，不断提高对它的兴趣。想要考进北大清华的学生可以放低对不喜欢的科目的要求，结合自身的实际情况，制定一个通过努力可以达到的目标（这个目标可以分为短期目标、中期目标、长期目标），然后督促自己按时实现所要达到的目标。长此以往，就可以有效地改善偏科的现象。

（4）预习。学生在课前预习不仅可以提高学习效率，还可以培养自学的能力。在预习的时候，学生首先要对要学的内容进行深入透彻的分析研究，而且要善于利用课本当中给出的预习提示以及相关的辅导资料。此外，在笔记本上记下不明白的地方，以便上课时认真听老师讲课。

（5）上课认真听讲。在课堂上，老师讲的内容往往都比较重要。老师在讲课时不仅会用语言来表述，还会用到肢体语言、表情等传递所讲的内容。想要考进北大清华的学生在上课时一定要紧跟老师的思维，并调动起身体的所有感官来参与学习。在课堂上学习效率高低的关键就在于能否把所有的感官调动起来。在课堂上保持注意力集中、精神饱满，才能抓住老师讲课的重点，弄清所学知识的关键。

（6）课后复习。在一节课结束以后，学生可以先不用急着去做习题，应先对上节课所学内容进行温习回顾，找出各个知识点之间的联系，明确前后所学知识的联系，初步形成知识体系。

当然，良好的学习习惯还包括很多方面，比如上课主动回答问题、上课勤记笔记、及时完成作业、阶段复习、自觉培养创造性思维能力等。

英国著名哲学家普德曼曾经说过："播种一种行为，你将收获一种习惯；播种一种习惯，你将收获一种个性；播种一个个性，你将收获一种命运。"这与美国著名作家曾经说过的一句话："习惯形成个性，个性决定命运。"有着异曲同工之妙。良好的学习习惯是学生学习进步的一个重要前提条件和基础，没有良好的学习习惯，就没有好的学习成绩。一个良好的学习习惯也是学生追求知识的资本，学生通过每天不断地学习，可以让这个"资本"

不断地增长。如此一来，学习就有了一个“滚雪球”的效应，从而使想要考进北大清华的学生在学习上有了质的飞越。

安徽省2012年高考理科状元丁雅琦以704分的高分考进清华大学，并成为芜湖一中首位清华大学“新百年领军计划”的推荐生。在平时的学习生活中，她也有自己独特的学习方法和习惯。她说：

“从小学开始老师就经常教导我，不要留问题过夜。留问题过夜只会导致问题越积越多，最终的结果就是在学习上形成一个难以弥补的漏洞。所以，我平时习惯于在身边准备一个纠错本，把课本上不理解的习题、参考书上比较经典的例题以及试卷上做错的题目的解题步骤、技巧和思路都记在本子上。每次考试之前我都要把它拿过来翻翻，将学习上的好东西转化为自己的东西，这会让我很有成就感。而且每次在老师讲课之前我还会把所要学的内容预习一遍，争取做到心中有数，这样上课的时候就可以带着问题听老师讲课。”

纠正错误的学习方法，让成绩飞起来

孔子曾经说过：“盖有不知而作之者，我无是也。多闻，择其善者而从之，多见而识之。”这句话旨在告诫人们对于自己不知道或者不熟悉的事情，要多听多看，要努力地学习，不要天马行空地胡编乱造。这句也表明了孔子的学习态度与学习方法：多听、多看、多学。

好的学习方法是想要考进北大清华的学生取得好成绩的重要前提条件。在现实生活中，评估一个学生学习效果最直观、最简单的方法依据就是学生的考试成绩，而据北京大学脑科学与认知科学研究中心的一项研究表明：一个学生在考试中的成绩，只有30%是来自考场的临时发挥，剩下的70%均与学生在平时的学习过程中是否使用了好的学习方法和是否做出了努力有关，而学习法更是占到其中的50%。

一个好的学习方法在学习中发挥的作用是一个先慢后快的过程。那么，怎样才能拥有一个好的学习方法呢？下面就为想要考进北大清华的学生总结几条拥有好的学习方法的步骤。

（1）树立一个明确的目标。据北京大学脑科学与认知科学的一项研究表明：学生的学习目标越明确，学习的积极性就越高；学习目标越高，学习的意志就越坚定，付出的努力也就会越多。学习的目标也可以分为大目标和小目标，实现小目标是实现大目标的前提和基础。而学生在制定学习目标的时候一定要结合自身的条件，所制定的目标不能过高或过低。过高的学习目标容易让学生失去学习的信心，而过低的学习目标则不能激发学生学习的斗志，容易让学生安于现状，在学习上不会取得太大的进步。在学习的过程中，学生也应当根据学习的情况及时地调整学习目标（这个目标要通过一段努力就可以实现），这样才能激发学习斗志。

（2）掌握学习的记忆法。在学习的过程中记忆是学习的一个重要的手段。不管是哪个科目的学习，想要学好的前提条件就是拥有一个良好的记忆。要想拥有一个良好的记忆力，就必须掌握记忆的遗忘规律，也就是要懂得知识要勤于复习的重要性。清华大学的心理专家说，学生之所以快速遗忘所学的知识，其中最主要的原因就是课后缺乏复习。因此，学生要根据记忆的遗忘规律，及时地对所学的内容进行复习。

（3）紧抓学习的五个环节。通常情况下，可以将学习的过程分为五个环节：课前预习、课堂听课、课后复习、做练习和反思与总结。如果能有效地把握这五个环节，那么学生在考试中就会取得巨大的进步。想要考进北大清华的学生在学习的过程中不难发现，其实这五个环节是环环相扣的。可以说，在学习的过程中它们是缺一不可的。

（4）学会交叉学习。北京大学脑科学与认知科学研究中心的实验研究表明：人的大脑是有明确的分工的，不同学科的学习会引起不同部分的兴奋。但是大脑如果长期接受某一种刺激，就容易产生疲劳，从而降低学习的效率。只有及时地调整学习的科目，才能有效地避免这样的问题。因此，想要考进北大清华的学生可以在学习的过程中，将几门学科交换着学，或者每隔一段时间停下来休息一下，使大脑得到放松。这样既可以缓解学习带来的疲劳感，又能提高学习效率。

学习的过程就是一个不断纠正错误的过程，纠错纠的不一定就是对知识的错误理解，学习方法也要定期进行纠错。世界上没有万能的学习方法，学生在学习的过程中，可能会因为学习心态的变化或者是由于知识面的拓宽，造成现有的学习方法不再适应目前的学习状态，这时学生就应当及时地纠正学习方法。

江苏省2009年高考理科状元吴敌以443分的高分（江苏省的高考总分为480分）考入清华大学。在谈到学习方法时，他腼腆地笑了笑说：

“我以前一直在寻找一种不累的学习方法，可是到了高三以后，我渐渐地放弃了这个念头。学习哪有不累的，我的成功秘诀只有两条，第一条：坚持到底，永不放弃；第二条：如果有了放弃的念头，请按第一条去做。我记得丘吉尔曾经在母校发表过一句话的演讲——当他被问起成功秘诀时，他说：‘Never give up，Never give up！’，在我看来学习也是如此，只有永不言败的精神和坚持不懈的拼搏，才能取得最终的胜利。这里我所说的是拼搏而不是拼命，我所说的拼搏是建立在好的学习方法的基础之上的。”

在谈到具体的学习方法时，吴敌显得开朗起来。他说：

“第一，我认为在平时的学习过程中一定要集中注意力。在我们班就有这样的学生，上课只顾低着头记笔记，老师所讲的内容他会立刻写在本子上，有时还要分不同颜色的笔记，我觉得这些都是在课后做的事情，在课堂上学生就应该认真地听老师讲课。

第二，我觉得学生在学习的过程中一定要注重积累，特别是对文科生来说，这一点是至关重要的。虽然在短时期内看不出效果，但是时间一长就会发现你已经有了强大的知识储备。当然，积累是要讲究方式方法的，积累时一定要有条理。比如在积累语文的写作素材时，当看到一个好的素材时，首先应该想到的是它适用于哪种题材的作文，再根据它的内容进行分类整理，这样用的时候会方便很多。有很多高三的学生可能会认为：现在已经高三了，再积累知识已经来不及了，还不如留些时间来多做几张试卷。这样的想法是不正确的，虽然所积累的素材不能百分之百地帮助你，但是在提高你的写作水平方面还是很有帮助的。

第三，在考试当中要抓典型。特别是在物理学科学习方面，在做大量的物理题以后就很容易发现，有些计算题会经常地被提到。其实在一张物理试卷上的创新题不会有很多，大部分所谓的新题就是把以前做过的题目换种问法，使题目变得难懂，如果能真正弄懂其中的奥妙，做题的时候就会思路清晰。所以，学生在学习的过程中一定要关注那些出现频率较高的经典题型。

第四，要学会进行反思总结。我们要善于利用每次测试的机会，勤于反思总结，找出自己的不足，查漏补缺。而大多数同学，在进行考后总结时会把考试考不好的原因笼统地归于在做题时粗心大意，或者是这次复习得不够充分，而不去深入追究具体的原因。这样显然是达不到提高学习成绩的目的的。高三的学生应该准备一个独立的本子当作错题集，本子上的内容不必太多，在每次的考试当中选几个比较经典的例题就可以了，但是一定要经常拿出来翻看。如果将写完的错题集束于高阁，那还不如不记。”

近代法国哲学家笛卡尔就曾经说过：“没有正确的方法，即使有眼睛的博学者也会像盲人一样盲目摸索。”学习也是这样，学生在学习的过程中会不可避免地出现错误。错误并不可怕，可怕的是错误得不到纠正，一直存在下去——这样会使学生的学习停滞不前。建立纠错本不仅可以有效地避免学生重复犯同样的错误，而且还可以培养学生的综合分析能力，使学习更有针对性，从而使学生养成良好的学习习惯，提高学生的学习成绩。

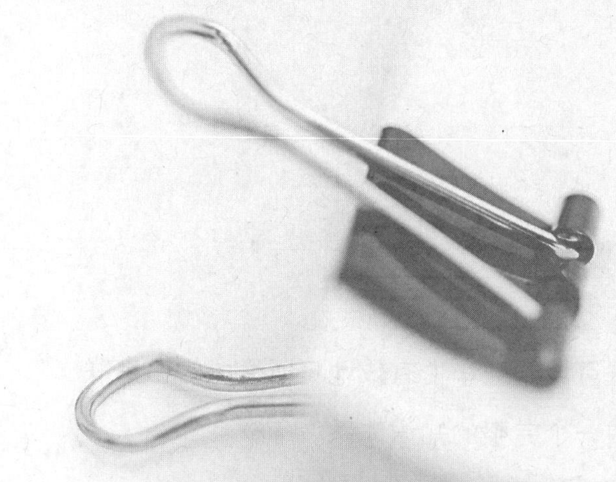

Chapter 7

联想法：

联想才能将知识串联在一起

联想的方法可以帮助学生有效地将所学的知识串联起来，形成一个完整的知识体系。

清华大学心理学教授樊富珉在一次研究报告中提出，人之所以会从一个事物联想到另一事物，根本原因在于这两个事物之间客观上存在着某种特定的关系，而这种关系在促进人的记忆、思维、想象等心理活动中，有很重要的作用。

联想学习法不仅是学生学习的一种大脑思维，更是能使学生高效学习的一种方法。在已学的内容当中找到相关联的共同点是学习的一项重要机能，樊教授在报告中还提到，大脑中的联想思维越活跃，所学知识之间的联系越牢固。所以，学生经常运用联想式学习方法可以有效地提高学习效率。

联想让学习“过目不忘”

有很多学生都希望自己能拥有“一目十行，过目不忘”的超能力，特别是正处于高考备考当中的学生。大部分学生采取的对策是重复背诵的学习方式，这种“一招半式走天下”的方法很容易使学生陷入“背了忘，忘了背，背了再忘”的恶性循环当中。其实，想要考进北大清华的学生只要稍微动一下脑筋，把以前所学的知识和现在学的知识联系起来，在大脑当中形成一个连贯的、有提示线索的数据库，那么头脑当中所储备的知识记忆就将成为一个取之不尽、用之不竭的活源泉。

联想如同在学生的脑海中搭起一座记忆的桥梁，利用学生以前所学的知识，快速、透彻地吸收并且理解新学的知识。所以说，联想是节省学习时间、加强记忆的一种方法。通过联想来加强记忆的方法有很多，比较常见的方法是：对比联想法、相似联想法、接近联想法等。下面就为想要考进北大清华的学生，介绍几种不常见的却有十分有效的联想学习法。

（1）从属联想法。这种联想法指的是根据两个事物之间的并列、从属、因果等关系，增强两个事物之间凝聚力的一种学习方法。根据这种关系的联想，可以引导学生思考、理解所学的知识，使所学的知识多而不杂，杂而不乱，在学生复习的时候有规律可循。比如因果关系：地球自转→地转偏向力→盛行风向→暖流的流向；从属关系：生物圈→岩石圈→软流圈→岩浆；并列关系：搬运作用→侵蚀作用→风化作用→固结成岩作用→沉积作用。

（2）形象联想法。这种联想法是一种将所学的知识和具体的事物或比较形象的事物联系起来，借助形象思维所学的知识加以记忆的一种学习方法。比如，可以把所学的知识联想成比较形象的汉字、字母、数字等。这种学习方法不仅可以激发学生的学习兴趣，调动学生的学习积极性，还可以加深学生对于知识的印象。举例说明，新疆的地形和疆字的右半部分十分相似，“三横”就如同新疆的三座山：昆仑山、天山和阿尔泰山。中间的两块“田”就如同新疆的两大盆地，即塔里木盆地和准噶尔盆地。再比如我国的地形就如同一只气宇轩昂的公鸡，而意大利的地形图则像一只高跟靴子一样。

（3）奇特联想法。这种联想法就是用一些比较稀奇古怪的方法进行联想学习，把一些大脑当中的零散知识点串联起来进行记忆。通过对知识的奇思妙想不仅可以增强知识对于学生的挑战性和趣味性，还可以培养学生在学习的过程中善于思考的习惯。经过学生的思考而获得的知识可以在学生的脑海中留下很深的印象，从而达到加强记忆的效果。比如，在学习化学时，利用奇特联想法就可以得到非常好的效果。化学当中有一个知识点是“二氧化碳可以使紫色石蕊试液变成红色”，学生在学习时就可以把紫色石蕊试液联想成一朵紫色的花，而人呼出的气体当中的主要气体就是二氧化碳，所以就可以这样想象——一名魔术师在变魔术时对着一朵紫色的花吹了一口气就把花变成了红色。这样，在记忆时就会容易很多。

用联想学习法记忆知识的特点就是由此及彼，把所学的知识像蜘蛛网一样联系起来。清华大学著名心理学教授郑红美曾经说过：“一件事物在心中越与其他事物发生联系，越能够被学生记住，而且会记得更牢、更长久。”当一个善于联想的人在看到一条鱼时，他可能会想到一条河或者是渔家驾着小船归来的场景。

那些已经考入北大清华的学生经常用联想学习法来记忆单词，下面就为想要考进北大清华的学生总结几条怎样用联想法来记忆单词。

（1）把词形相似的单词放在一起记忆。比如：Monday、Tuesday、Wednesday 、Thursday，这四个单词后面都有相同的词尾 day，表示天的意思。这样不仅有利于学生记忆单词，也有利于区分它们的含义。

（2）把意思相近或者相同的单词放在一起记忆。比如：beautiful（形容女士漂亮）、handsome（形容男士英俊）、pretty（形容小孩的天真可爱）。这样记忆单词的效果，就是让学生很好地区分意思相同的单词的具体用法。这在英语试卷上的完形填空中经常用到。

（3）把意思相反的英语单词放在一起记忆。比如：bright(明亮的）和 reactionary（黑暗的）、expedite（迅速的）和 adagio（缓慢的）。这样可以使学生记忆更多的英语单词。

联想学习法是活化“知识酶”

清华大学教育研究院的李曼丽教授曾经说过：“模仿只能创造看得见的事物，而联想却可以创造看不见的事物。”学生在学习的过程中经常会出现思维跳跃的现象，也就是当学生学习某一知识点时瞬间会联想到另一个和它相近或者相似的知识点。比如，当学生看到诸葛亮时，就有可能想到小说《三国演义》里的草船借箭、七擒孟获；看到梵高，就会想到他的代表作《向日葵》。这种思维的跳跃就是通常所说的联想，它不是学习思路的“断篇”，而是学习思维的一种深化。

北大清华的学子在学到某一知识点时，经常会对以前所学的内容进行联想。这样的学习法不但可以让学生灵活运用以前所学的知识，而且还可以打破学科之间的界限，将所有的知识融会贯通起来。

在众多的学习法当中，联想学习法就是活化知识的“酶”，可以提高学生学习的效率。联想学习法可以为学生在学习时提供一个自由翱翔的天空，但绝对不是让学生天马行空地乱想。下面就为想考进北大清华的学生，总结几条在使用联想学习法时需要注意的事项。

（1）充分理解是使用联想法学习的基础。要对知识点展开联想，就必须对以前所学的知识点进行透彻的理解。特别是在学习语文时，当学习一首新的古诗时，先要了解它所要表达的中心思想内容，才能对它进行联想。比如，在学习王维的《使至塞上》时，就必须了解这首诗是王维在朝中受到排挤而出使塞上时写的。从诗的内容上看，作者想要表达的思想感情是抑郁、愤懑、寂寞以及希望国家早日平定边疆。

（2）要有丰富的知识储备量和积极乐观的态度。如果没有大量的知识储备，那么学生所谓的联想，只能是没有根据的乱想。学生在没有学习“安史之乱”前，就很难理解李白在《蜀道难》中所要表达的思想。只有了解了“安史之乱”，学生才会理解李白想要通过四川蜀山道路的艰险规劝因“安史之乱”避祸于蜀的唐玄宗李隆基，要不畏困难早日平定乱军，而不是躲在蜀中安于享乐。

（3）联想学习不能脱离课本的学习。学生在使用联想学习的过程中要确保联想是沿着正确的轨道进行的，确保所联想出的知识点的基础和起点的正确性。所以，学生在联想时有不太清楚的地方要及时翻阅课本，不要在对知识一知半解的情况下盲目地对知识进行联想。如果联想脱离了课本的学习，联想就成了无源之流，无根之木。

2012年甘肃省高考文科状元郑苇茹在谈到自己高三的学习经验说：“学文科重在融会贯通，善于联想。”在说到三年前的中考时，她的脸上明显出现了一丝落寞，“其实三年前以我的中考成绩是根本不可能进入兰州一中学习的。当时，爸妈为了让我能进这所学校学习花了不少钱。所以高一开始时，我就在心里暗暗发誓，将来高考一定要取得一个好成绩回报父母。在我父母的眼中，清华大学是全国最好的大学，所以我就把目标定在了清华大学。”

确立这个目标以后，郑苇茹就开始尝试不同的学习方法，并渐渐形成了自己独特的学习方法。她说：“我从小就对语文情有独钟，觉得课本上的古文都特别优美，这也是我为什么会选择文科的原因。我觉得对于文科生来说，死记硬背是毫无用处的，只会造成时间的浪费和精力的浪费，学生在学习的过程中要善于运用联想的思维将前后所学的知识串联起来，将学习思路打通，这样才能加深对知识的理解。语文中的背、记知识是学习语文的一种辅助手段，想要学好语文必须学会融会贯通。”

江西省2013年高考理科状元李超以690分考入清华大学材料科学与工程系，当谈到他学习时，他说：

“（1）在学习时，一定要有发散思维。特别是对于物理的学习。具体来讲，就是在做物理习题时应该精选一些比较经典的例题，不要过于贪多、贪怪、贪偏，也不要过于简单。太难或者太简单都不利于学生物理成绩的提高。在物理考试审题时，学生应尽可能地运用发散思维，联想出所做的物理题涉及的物理场景，将以前所学的物理知识和解题技巧融会贯通，从多个角度找寻解题的‘钥匙’。化被动解题为主动思考，培养‘多向思维’。在采用联想方式学习时，一定要保持平和的心态，千万不要急功近利。或许刚开始你不能对一道题提出多种解法，但是经过一段时间的锻炼，所形成的联想的思维模式一定会让你受益匪浅，而且是终身受益。

（2）学生在做练习题时运用发散思维，虽然表面上看解题速度要比其他人慢很多，但实际上他们记知识点要比其他同学记得牢固很多，也更能熟练地运用相关的知识点做到举一反三，同时能激发学生的创新性思维。高考当中的物理选择题和填空题部分（有些地方高考为选择题），更能发挥发散思维解题法的优势。就拿今年的物理题为例，理综的倒数第二题中提到的关于始末能量关系处理的问题，绝大多数的考生会将机械守恒定理进行生搬硬套，这样反而找不到正确的解题思路。但是换个思维，联想以前学过的两个过程能量之差恒定的知识来解这道题，既简洁明了，又可以节省更多的时间用于检查试卷。”

联想，才能将知识串联在一起

联想思维是大部分学生在解决问题时常用的一种思维，说得通俗点就是当一个学生遇到一个比较棘手的问题时，他往往会在脑海中回想以前是否遇到过类似的问题，联想以前学到与之相关的知识点，然后寻求解决的办法。但是这种办法既费时，效率又低。解决这类问题的唯 办法就是，学生能够将大脑中的记忆片段连接起来，建立一个完整的知识体系——一个完整的知识体系是解决问题的前提条件，而建立完整的知识体系也是学习过程中一个重要的环节。运用联想学习法将知识串联起来形成一个完整的知识体系，对于学生的学习有着重要的作用，具体表现在以下几个方面：

（1）保证学生所学知识的完整性、系统性。在考试当中学生偶尔会出现这样的情况：不明白考题的考点是什么，或者是知道考点是什么却不知道该怎么回答，给出的答案往往是不完整的、不准确的，甚至是答非所问。这种情况说明了学生对于知识的掌握存在不完整、不系统的问题，反映了学生在学习的过程中，只注重知识点上的学习，而忽视了知识点内部的联系、前后章节的联系。

学生采用联想的方式找出知识点的联系，有利于知识体系的构建与完善。在构建知识体系的过程中，学生不仅可以掌握知识点的联系和区别，还可以培养自身分析、总结、推理和判断能力。在知识体系建立完善以后，学生可以将冗杂的知识点以清晰的脉络记忆在大脑中。这样，在考试时就能轻松地找出自己所需要的知识点，快速准确地写出答案。

（2）有利于学生对考点的把握。学校中的所有考试都是以考查学生的能力为主导的。学生如何形成和提高学习的综合能力，是学生在学习的过程中必须要解决的问题，解决这个问题的关键就是构建知识体系。想要考进北大清华的学生可以根据所在省份的高考情况，总结分析历年高考当中的考点有哪些，然后在这个基础上构建知识体系，这将在备战高考的过程中收到事半功倍的效果。比如在西南某省的高考当中，植物的光合作用、生命活动的调节、遗传学的基本定律和环境与生物等几乎是每年都要考的内容。

因此，学生可以根据考试大纲，构建知识体系，按图索骥，在学习的过程中专攻考试中出现频率较高的考点，从而提高自己的应试水平。

（3）有利于提高学生的学习素养。学生通过建立完整的知识体系，既可以保持知识的完整性和准确性，又可以提高学生的学习素养，特别是运用联想学习法建立知识体系。通过建立知识体系，学生可以养成勤于动脑的好习惯，而勤于动脑就是学生学习素养中最重要的一条。

良好的学习素养可以使学生终身受益，好的学习素养对学生巩固强化学习意识，培养好的学习习惯，提高学习效率方面都有帮助。

有很多学生在运用联想学习法建立知识体系的过程中经常找不到正确的方法，导致最后所建立的知识体系“驴唇不对马嘴”，从而失去了建立知识体系的意义，有时候还会适得其反，得不偿失。下面就为想要考进北大清华的学生总结几条在建立知识体系的过程中需要注意的事项。

（1）要以课本知识为基础。在运用联想学习法建立知识体系时，虽然鼓励学生放开思维向课外知识扩展，但也不是鼓励学生盲目地扩展，向课外扩展的前提条件是要以课本为基础。学生的学习目的毕竟都是为了在考试当中取得一个好成绩，而考试中的考点 95% 都是来自于课本。

有很多学生认为课本上的知识枯燥无趣，没有挑战性，所以他们往往会忽视对课本知识的学习。课本上的知识点就像是一座大楼的根基，如果根基不稳这座大楼随时就有坍塌的可能。学习也是这样，如果课本的基础没有打好，建立起的知识体系也是不稳固的，学生就很难把各个知识点更好地串联起来，也就很难取得好的学习效果。

（2）不要局限于学科的界限。在学习的过程中，每个学科看似是相对独立的，但实际上它们是相互联系的，特别是在高中阶段，高考的目的就在于考查学生的综合能力。而有些地方采用的是文综和理综的考试模式，这就要求学生在学习的过程中打破学科的界限，站在一个比较全面的角度看待学习问题。举例来说，像高中的历史和政治、生物和化学等学科在某些方面还是有共通的地方的。如果学生在建立知识结构时只局限于个别的科目当中，就很容易导致学习上有“短腿”的科目，从而造成整体的学习成绩无法提高。

法国著名的哲学家帕斯卡尔曾经在他的《思想录》里曾经说过这样的一句话：“对一切事物都懂得一些，要比懂得某件事物的一切要好得多，这种博通是最美好不过的。我们若能两者兼顾，是再好不过的。但是如果不能，那就必须选择前者。”北京大学脑科学与认知科学中心的一项研究报告表明：同时学习不同的科目，可以让学生的大脑各部位之间轮流休息，使其保持兴奋状态。

河南省 2011 年高考文科状元王盼以 680 分考入清华大学，而且清华大学的招生老师向她承诺只要她去清华大学读书，清华大学的所有专业随她挑选。

王盼能得到幸运之神的眷顾与她自身不断地勤奋学习是分不开的。在谈到学习方法时，她说：

“在学习的过程中，没有一种万能的学习方法适用于所有科目的学习。所以，要根据不同的科目的学习情况制定出不同的学习方法。对于像数学这样逻辑性比较强的科目，就适用于联想学习法。在学习的过程中，通过联想的方式将所有的知识点串联起来，形成一个完整的知识体系。比如，在高三上半学期学习到排列数时，学生可以联想之前所学的累加累乘的知识点。而高三下半学期的总复习针对的是高中全部所学的知识内容，通过联想的方式将所有的知识点连接起来，可以有效地把握高考复习，这样在高考中自然而然地就可以取得一个比较好的成绩，而且还能在头脑中形成一个完整的知识体系。如果能将具有相关联的知识点总结、归纳到一起，考试中，学生就可以快速、准确地在知识结构中找出自己所需要的知识点，这样就节省了考试的时间。”

但联想学习法并不适用于每个人，想要考进北大清华的学生可以根据自身的学习情况找出适合自己的学习方法，而不是盲目地效仿别人的学习方法。

纵向联想法：让知识“动”起来

中国古代文学巨献《吕氏春秋·尽数》中提到“流水不腐户枢不蠹”，意思是说，流动的河水不会发臭，经常转动的门轴不会被虫子咬坏。在学习的过程中也是这样，只有把所学的知识串联起来，让知识“动”起来，所学的知识才会长久地记忆在脑海中。

怎样才能使知识“动”起来呢？最有效的方法就是采用纵向联想学习法。纵向联想学习法指的是，根据某一学科知识内部的纵向联系，由一个知识点联想到另一个知识点。通常情况下，两个有纵向联系的知识点的关系是：一个知识点由另一个知识点发展和延续，或者是一个知识点是另一个知识点的深化。比如，物理上的牛顿三大定律中，牛顿的第二定律的运动定律是在第一定律的基础上发展而来的，是对第一定律的深入研究。

一般，将纵向联想学习法分为正向联想和反向联想两个方面。正向联想指的是思维要顺着某一知识点的发展方向一层一层地挖掘，直到挖到新的东西为止。而反向联想正好与之相反，指的是对于某一知识的结论反向推导，最终得出知识点内部最原始的内涵和根源，直至挖出令人耳目一新的含义。

纵向联想学习法是一种由浅及深，由表及里，由下及上的一种联想学习法，从比较简单的内容中挖出意义重大的含义，将作者所要表达的中心思想深入挖掘出来，从而更好地理解所要学习的内容。比如，我国著名散文家陶铸先生在他的散文《松树的风格》当中，写了松树的一种品格：它只要有一颗不起眼的种子就可以生长成为一棵枝繁叶茂的参天大树，当它长大以后，它又毫无保留地把一切贡献给人类，这就是人们常说的自我牺牲精神。他在赞美完松树的美好品格之后，又联想起那些为了革命而牺牲的人，觉得他们和文中松树一样具有大无畏的奉献精神，是值得人们去瞻仰他们的。

纵向联想法运用在数学和历史这两个学科中的学习，效果特别明显。数学是我们从小学到大学一直要学的一门学科。小学时我们只是学习一些简单的数学知识，虽然我们学习的数学知识越来越难，但它的基本方向是不变的，都是一脉相承的。所以数学这门学科的逻辑性和纵向关联性要比其他学科强，在学习数学的时候，运用纵向联想法的效果最为明显。同样的道理，历史也是这样。历史学科具有很强的时间性，历史事件之间都有时间联系，每件历史事件的发生都会有另外的一个历史事件在推动着它。也就是说，一件历史事件的发生都会有另外的历史事件作为它的导火索。比如，人类在发展的各个阶段，一个朝代被另一个朝代所代替，都是按照时间的顺序发生的。由此可以看出，在学习历史知识时，运用纵向联想法也是很有效果的。

比如在学习唐朝知识时，唐朝从建立到被宋朝所取代一共经历了三个阶段：唐朝前期、唐朝中期、唐朝后期。在唐朝前期，出现的“贞观之治”可以说是中国历史上少有的盛世。可到了唐朝中后期时，却动乱频发：安史之乱、宦官专政、朋党之争、藩镇割据等。这些事件的发生对丁唐朝的发展有什么影响，造成这些事件的原因有哪些？唐朝末年农民纷纷揭竿而起的根本原因是什么？直接原因又是什么？想要把这些问题弄明白，学生就需要把它们串联起来。这样，唐朝的建立、繁荣、衰退直到最后的灭亡的这段历史和前因后果就很容易掌握了。

贵州省2013年高考文科状元高梦璇以总分678分的高分考入清华大学的计算机工程系，在谈到学习方法时，她说：

“在学习上我相信‘天道酬勤’这句话，但是我觉得勤奋学习不等于没有方法、盲目地学习。我的学习方法就是在掌握好基础知识的基础上，对知识进行扩展、深化。说白了，就是采用纵向联想学习的方法。就拿数学来说，我们班上的很多同学都会有这样的想法：我们是文科生，没有必要把数学学得像理科生那么的好。其实，只是他们为自己学不好数学找出的一个借口罢了。我觉得不管是理科生还是文科生，都应该学好数学。我在初三复习时，初三的数学老师就告诉我想要学好数学，就要把握住数学的逻辑性，根据数学的这一特点将数学知识串联起来，学起来就会容易很多。我在高三学习函数时，把函数图像和声音传播的图像联系起来，就很容易理解函数图像的性质和特点。

在学习历史时，也可以运用纵向联想的学习法。因为历史知识都是按时间顺序编排的，每个时间点都可以找到与之相关的历史事件。由一个历史事件可以推导出很多与之相关的历史事件。比如，由香港回归这件事可以推导出，1978年，邓小平在中共十一届三中全会后提出的“一国两制”的政策。再往前可以推导出，1898年，英国强迫清政府与之签定《展扩香港界址专条》，强行租借香港九龙半岛以及周围的200多个岛屿；1860年，清政府在和英国政府签订的《中英北京条约》当中无条件地割让九龙半岛以南的地区；1842年，中英鸦片战争结束以后，清政府割让香港岛（当时只是割让一部分）。这样的例子，在历史的学习过程中还会遇到很多，只要同学们善于运用纵向联想学习法，就一定可以在高考文综考试中取得好的成绩。”

联想思维在学生的学习过程中发挥着重要的作用，“举一反三”“触类旁通”对于学生的学习成绩的提高有很大的影响。人脑思维的最高层次就是创造性思维，而创造性思维也是人们智力升华的关键，同时也是人的大脑智力发展的最高形态。在平时的学习过程中，想要考进北大清华的学生在看到一个小的知识点时，多运用一些联想的思维，深入探究它的内部含义，联想出与之相关联的知识点，扩大和巩固自己的知识面，使自己的学习更加地有深度，并能牢固地记忆知识点。总之，联想学习法可以提高学生的学习能力。

Chapter 8

复习法：

勤于复习，让知识在大脑里扎根

对于学生来说，复习的过程不应该是简简单单地翻翻教科书、看看课堂笔记的过程。复习是一个知识结构重新再造的过程，是加深各个学科理解程度的过程，是加快知识消化吸收的过程，是加强记忆力的过程，是提高知识运用程度的过程。复习作为学习的一个组成部分，北京大学、清华大学的学子不只是把它看作是一个回顾已学知识的过程，更是一个重新梳理并掌握所学知识的过程。

我们在复习时，完全可以借鉴北大清华学子的学习方法：围绕一个中心课题进行系统复习、保证充足的复习时间，同时善于发现问题，进行深入钻研。这样我们才能确保复习效果，并达到事先制定的目标。

日复习、周复习、月复习、考前复习，缺一不可

一谈起复习，很多同学都不以为然地说，“复习，不就是翻翻书、看看笔记嘛”其实，对有梦想的优秀学生来说复习并不是翻翻书、看看笔记的通称。作为学习的一个组成部分，北京大学、清华大学的学子不只是把复习当作是一个回顾所学知识的过程，更是一个重新梳理知识并掌握知识的过程。

2009 年北京市高考状元宁少阳的学习方法值得我们借鉴。宁少阳参加 2009 年的全国统一高考，取得总分 703 分的好成绩，成为当年北京市的高考状元，考入了自己心仪已久的北京大学。他的学习秘诀就是不搞题海战术，而是跟着老师走，根据老师提供的学习资料进行系统、完整的复习。

他把整个复习过程分成三个阶段：

（1）回顾、回忆阶段。这一阶段主要是复习以往学过的基础知识，掌握整个知识轮廓。学透了基础知识，等于是架起了学习的主体结构，而做一些练习题就等于是加砖添瓦。

（2）建造期。通过梳理知识体系，充分理解综合交叉的知识面，找出表面上看起来不相干的知识点之间的深层次联系，针对性地做一些有难度的练习题，再通过做经典的题目以加强印象。

（3）巩固阶段。通过做一些模拟题，提前感受考场氛围，提高心理素质；熟悉考题类型，增强手感，锻炼思维能力，提高解题速度。

因为制订了详尽的学习方法和周密的复习计划，宁少阳没有额外做很多题，也没有开夜车，每天晚上 10 点多就睡觉。用他的话来说“我从来不会为学业熬夜”。

北京大学的脑部科学与认知中心做了一项实验，得出了学生在课堂中所学的知识，24 小时之内记住 75% 的知识内容，48 小时之内记住 10% 的知识内容。所以，如果想长时间记住所学知识，熟练应用所学知识，反复

复习是非常有必要的。应该说复习的过程是掌握和巩固知识的根本。复习以时间、周期、针对性不同分为日复习、周复习、月复习、考前复习四种。

（1）日复习作为课堂学习的一个延伸，是检测当天已学内容的一种有效的学习方法，也是提高自身理解能力的一种学习方法。通过日复习，可以及时理解和消化当天所学的知识点，力争做到当天出现的问题当天解决，避免出现似懂非懂等于不懂的现象。

（2）周复习是指定每周的某一天为专门某一学科的复习时间。周复习的目的是重点回顾本周所学的知识，在复习的过程中找出难点和疑点，分门别类地进行记录，然后请教周围的老师和同学，及时解决发现的问题，防止出现不会的知识点日积月累累积成一大片，最终出现影响总复习速度的现象。

（3）月复习是在周复习的基础上，复习当月所学的各个学科知识点。月复习的重点是梳理知识、穿插新旧知识，架起知识架构，做到举一反三。因为月复习会占用大量的时间，所以要提前拟一个复习大纲，写出本月要复习的主要内容，以免浪费时间。复习时按照大纲中的内容逐一梳理这一段时间学到的学习内容，理顺新旧知识之间的关系，找出它们之间深层次的关系，让月复习起到承上启下的作用。进行月复习时，要把主要精力放在深入钻研上，找出问题，并将问题记在笔记本上，然后找出解决方法，攻克所记的问题。

（4）考前复习是本章知识或者本学期所学知识的一个大总结，一般在考试之前进行。经过一段时间的学习，我们掌握了不少新知识，而经过反反复复的复习，也梳理清楚了整个知识架构，拼好了知识版图。但拼好了知识版图，不等于完全拼对了所有知识版图，而考前复习的重点就是堵住遗漏知识的死角。宁少阳在进行考前复习时，并不是把教科书的内容从头到尾仔细地看，而是看重点、解疑点、攻难点。通过考前复习，宁少阳重新检查所学的全部知识，灵活穿插新旧知识，从而构架好整个知识体系。

和日复习计划、月复习计划相比，以周为单位的复习计划更有效。因为以日为一个周期制订复习计划，非常耽误时间，同时也显得很仓促；以月为一个周期制订复习计划，目标太庞大，又太过遥远，中途可能还会节外生枝，从而打乱已经制订好的整个复习计划，出现计划赶不上变化的结局，进而影响复习进度和复习效果。

宁少阳以一周为一个复习周期，制订每一周的复习计划，进行系统的复习。比如哪一天复习哪一门学科；哪一个时间段主要复习哪一类的知识点；重点做哪一些题型等。制订周计划后，他每天完成当天的复习任务，暂时没有完成的复习任务，放在休息日集中完成。此外，他还根据本周的复习计划完成情况，考虑怎样安排下周的复习计划。已经熟练学习的内容他简单看一看，或者直接跳过，不熟练、不会的学习内容则放在下周再复习，通过加快复习频率，加深学习印象。

宁少阳认为学习是一门系统工程，哪一个环节都马虎不得，尤其是复习环节。复习不仅是回顾和巩固以往所学知识的过程，更是掌握未来新知识的起航点。在复习时找出自己所学知识的薄弱点，这样在下次复习时，就能集中精力攻克自己的薄弱点，达到复习的目标。

不同的知识点有不同的复习方法。比如填空题一类的知识点，可以使用准确记忆法；如果是综合题类的知识点，应注重了解和掌握不同知识点之间的关系。复习过程中出现的基础知识，采用先理解再记忆的方法来牢牢记住它。理解这些基础知识的途径和方法很多，比如在学习新知识的过程中反复复习以往学过的知识点，让新、旧知识点在自己的脑海中形成一个完整的知识体系。

复习的过程不是简简单单翻翻教科书、看看课堂笔记的过程，对一个满怀希望的优秀学生来说，复习是他实现人生理想的一个阶梯，是他整个学习环节中决不能忽略的一个重要环节。因此，每一位同学都要好好把握复习的机会，通过平日里的复习取得理想的成绩。

复习让知识消化、简化、序化、系统化

复习是吸收知识、简化所学知识量、梳理整个知识体系，最终系统掌握知识的过程。

消化知识的第一个步骤就是认真写作业。写作业就是对学生掌握多少课堂知识的一个检验过程，对日后复习起到至关重要的作用。如果顺利完成作业，表明已经掌握了绝大部分新知识，基本达到了听课要求；如果无法顺利完成作业，就说明没有掌握好某些知识或者某一部分知识，这时就要请教老师和同学，以便及时弥补自己没有掌握的知识面。要掌握知识，应该按部就班地完成每一个学习步骤，决不能出现偷懒、图省事的现象发生。因此，消化已学知识，通过及时的复习，弥补遗缺的知识，重新修复知识版图是学习中一项很重要的事情。

经过九年义务教育，进入高中时，学生就已经拥有了庞大的知识体系。这时不要说考前复习，仅平日里进行复习，就经常会出现知识点太多，新、旧知识混杂在一起，出现杂乱无序、无从下手的感觉。这就需要复习者善于简化已学知识，就是“把书看薄”。“把书看薄”是简化已经学过的知识体系，找出不同知识点之间的深层次关系，除去无用信息和多余信息，留下最精华的那部分知识。这样既节省了复习时间，也提高了复习效率，可谓一举两得。

江苏省 2011 年高考理科状元刘诗雨就是一个善于“把书看薄”的学生。刘诗雨每天早晨 6 点半起床，晚上 10 点半睡觉。也许有的同学说，就每天学这几个小时还能当高考状元，肯定是天才吧？其实，刘诗雨的学习秘籍就是“把书看薄”。书中他会的内容他会简单看过，不会的就开始专研，直到将其弄明白为止。

刘诗雨从不喜欢题海战术，他只做一些有代表性的经典题目。因为这些练习题里集中了基本知识，有些还是基础知识。其实，做经典题目的过程就是牢牢掌握基本知识、理顺所学知识点的过程，从而起到举一反三的作用。比如有的知识点之间，从表面上看没有什么交叉点，根本沾不上边，但经过知识结构的简化和重组，就会发现其实它们之间有着千丝万缕的联系。这种省时、见效快，一通百通的复习方法，是值得借鉴的好方法。

考上清华大学后，刘诗雨继续使用他的神秘武器——“把书看薄”。在清华大学的自习室里，他经常抱着厚厚的专业书籍认真阅读。因为时间紧迫，这些专业书籍不能看一个月或者几个月，只能看几天或者一个星期，而通过“把书看薄”的学习方法既能快速读完全书又能记住书中的主要内容。

每当新学期开始的第一天，领到新的教科书，不少同学在看完了封面后都会迫不及待地看目录。虽然是从未学过的新知识，但是详细地阅读完目录，大家就会大致知道这个学期会学哪些知识。根据不同章节的不同篇幅，还会大致知道每一个章节内容的深浅程度。通过看完教科书的目录，学生对本学期要学的知识内容就有了一个大致的了解，这就是知识的序化过程。

其实，复习的过程和看教科书目录的过程是一样的。刘诗雨复习的时候会先回忆这一段时间或者这个学期所学的全部内容，提笔写一个大纲，再细分每个知识点。分出层次后，再结合教科书和课堂笔记进行系统的复习。将遗漏的或者遗忘的知识点，及时补充到复习大纲里，这样一张完整的复习大纲就完成了。这样构建复习大纲就像画一棵大树，先画树干，再画树枝，最后画出树杈和树叶。通过序化，梳理了已学的知识，理清了新、旧知识的交叉点，理解了看似不同知识点之间的深层关系。

构建知识的系统化过程，就好像是小时候玩过的拼图游戏。从装有一堆杂乱无序的桶中拿出一张张小图片，根据提示和记忆，把所有图片都拼好、拼对，最终一张完整的图案就出现在眼前。其实，复习的过程和拼图的过程非常相似。重新读教科书、查看课堂笔记的过程就是回忆和检查所学知识的过程，也是知识拼图的过程。通过回忆和检查，知识拼图就会慢慢被拼起来，从而组建起系统化的知识体系。

有时虽然知识拼图看似搭得已经很完整了，但通过再一次的复习，有可能还会发现遗漏的知识点、理解不到位的知识点；或者过去自认为对的知识点，重新复习时却成了不对的知识点……这就像小时候玩的拼图，看似拼对了，但是一检查却发现了错误，不是位置不对，就是方向不对；一些地方局部拼对了，但和整体不搭调，显得不伦不类，需要及时修正、重新拼图，直到拼对为止。

复习是检查的过程，也是发现问题的过程。带着疑问进行复习是最有效的复习方法。就像小时候玩过的拼图游戏，拼图中苹果就应放在苹果树上；香蕉就应放在香蕉树上。复习的过程就是把曾经放错位的知识点找出来，放对位置；把曾经遗漏的知识点查出来，进行补充。

通过知识的序化、简化，把教科书中的知识记在自己的脑海里；通过消化和吸收，灵活运用所学知识。只有这样，我们搭建的知识结构才能更完整、更系统化，我们才能更容易实现心中的梦想。

在复习过程中需要注意什么？

无论是平日里的复习还是考前复习，学子们都会投入不少时间，搭上很多精力。但最终结果却是有的同学复习效果非常明显，有的同学复习效果一般，有的同学则几乎没收到什么效果。这说明在进行复习时，收到复习效果一般与没有收到复习效果的同学没有注重一些细节问题。想要收到好的复习效果，通常在复习过程中要注意以下三点。

（1）要有明确、具体的复习计划。清华大学的一位学生在每次复习之前都要写一张复习计划表，写明自己的复习目标和复习任务。这张复习计划表里会写清楚自己该复习什么、怎么复习、哪个时间段复习多少时间等，这样做方便检查复习进度，对照复习成果。

写出复习计划不是写什么决心书，也不是喊大而空洞的口号，而是根据目前自身的情况和未来的期望值，制定一个切实可行的学习目标。比如现在的英语成绩是 80 分，经过两个月的复习，要达到 85 分就是明确的学习目标。复习计划就是每一天要复习哪些学科，哪些章节可以简单看一看，哪些章节需要仔细研读，每一次复习要用多少时间等。

科学的复习计划，有惊人的效率，或许只需要两个星期就可以完成需要三个星期才能完成的复习内容。这种锦上添花般的复习效果，能助优秀学生顺利考上优秀大学，实现他们的人生梦想。

复习计划分为短期计划和长期计划。短期计划是以日、周为单位进行复习；长期计划是以月、学期为单位进行复习。做好时间分派、细化时间，是清华大学计算机软件专业学生康荣的学习心得。心细的康荣制订的复习计划，像一张作息时间表，以天为单位，画出表格。上面写着每天要复习哪一个学科；从几点到几点复习什么章节；从几点到几点做哪些类型的练习题，一共做几道题等，非常醒目。通过这样详细的复习计划，再加上日复一日地认真复习，康荣没有费大力就读完了中学的所有课程，即使到了清华大学，他也一直使用这种学习方法。

高三毕业班的同学到第二个学期，所剩的复习时间不多了，所以适合制订长期复习计划，把时间分为三个复习阶段。第一个复习阶段是系统梳理知识内容，打好基础知识，以理解加背为主；第二个复习阶段是多做一些练习题，提高手感，增强思维能力和加快解题的速度；第三个复习阶段是冲刺阶段，加快复习速度、增加循环复习的频率。

这样，复习计划就不再是一个大而遥远的目标，而是看得见、能执行得到的具体目标。复习计划制订得越明确、越精细，就越有利于提高复习效率，也越容易达到既定的复习目标。

（2）分散复习和集中复习相结合。漫步在北京大学的校园里，我们会经常遇见这样的景象：清晨在未名湖畔、石凳上、树荫底下，早早出现了埋头学习的学生身影；在食堂买饭、到超市买东西等待交款等短暂的间隙，也有很多同学手捧一本书认真阅读；到了晚上，北大的图书馆和自习室更是灯火通明，不到熄灯时间，基本不会有同学离开；回到宿舍，也有很多同学不急于开“卧谈会”，而是打开电脑，继续学习。从这些平常的举止表现中，我们可以感受到北大学子在整个学习过程中能充分利用零散的时间和“大块”时间，做到两者的有机结合。

对时间连贯性很强的学科，比如政治、历史等学科进行复习时，康荣一般会专门安排一大段时间来进行集中复习。这样他可以从容地串联各个时间段发生的所有事件，进行整理和归纳，强化记忆、加深印象，达到预定的复习目标。

而在复习英语单词、语法知识、化学元素周期表、公式和定理时，康荣则选用零碎的时间。他会用一张纸把上述要复习的内容记下来，利用饭前饭后、早读前后的时间反复看，加深印象、巩固记忆，直到记熟为止。

集中复习的优点是时间长、能系统复习；分散复习的优点是机动灵活，随意性、针对性强。因此，在进行复习的时候，同学们可根据不同学科的不同特点，把集中复习和分散复习两种复习方式有效结合起来，以达到最佳的复习效果。

（3）注意整体和单体的互相结合。康荣的另一个复习秘笈就是整体和单体的相互结合。在复习物理学科时，他把物理分为力学、电学、光学、分子学、电磁学等。力学题型又细分为填空题、选择题、简答题和大题；选择题再分为单项选择题和多项选择题。

填空题和单选题多半是考基础知识，康荣以背牢定义和定律来提高准确性；多选和简答题是基础知识的延伸，牵扯的知识面比较广，复习时除了背牢定义和定律外，他还适当加大解题量，提高解题速度和准确度；大题是所学知识的综合体，牵扯的知识面很广，康荣没有把大把的时间白白浪费在反复审题上，而是通常采用简繁解题法，即审读大题时，先把重点提示或者重点句子标出来，然后钻研这道题。这样，思维集中在某一点，很快就能攻克难题。

全面复习就是看教科书、整理课堂笔记和浏览参考书的有机结合

在进行复习时，单单看教科书或者课堂笔记，或者一心扑在参考书上，都不是正确的作法。学生要想全面复习，就得做到看教科书、整理课堂笔记和浏览参考书的有机结合。

教科书是教育部门组织专家、学者和有经验的老师，根据教学大纲和科学的知识体系编写的，是符合学生年龄特点和社会发展需要的书籍。如果不认真研读教科书描述的内容，不按时完成教科书中提到的基本要求，则无法牢牢掌握基本知识，提高成绩也就成了天方夜谭。清华大学电子信息科学系学生赵锦元在看教科书时，会重点找出记不清、印象不深或者想不起来的知识点，记录好后他会及时请教老师和同学。已学过的内容，他用一句话或者几句话概括知识内容，写在教科书上方的空白处。这样，等到下次再复习时，就可以马上抓住重点，理清顺序，思路自然而然地被打开，这样既提高了复习效率，又达到了预期的学习目标。

赵锦元在记笔记时，也有他的独到之处。他喜欢把笔记分为左右页，也经常对课堂笔记进行“加工”。左页主要记课堂上的内容，比如老师在课堂上重点强调的内容，易出错的问题，上课时发现的疑问和自己的课堂体会等；右页的作用就是补充、扩大学习内容了。复习时悟出的体会，参考书中抄录下来的精彩内容，都记在课堂笔记的右页。通过多次复习，笔记本所承载的内容越来越多，线索也越来越清晰。

赵锦元常说，平时经常整理笔记，就好比是提前预备好了架起“知识大厦”的所有材料。无论是阶段复习还是专题复习，都可以快速搭建起这所“知识大厦”，加快复习进程。尤其是在最后总复习阶段，只要看一看笔记，就可以迅速回忆起相关的学习内容，能联系前后知识点，从而取得事半功倍的效果。

赵锦元选参考书的原则是，每个学科选一本主要参考书，其他的作为一般性参考。复习时他会先阅读教科书，对所学知识有了基本的理解之后，他会围绕中心内容再看参考书。看完参考书后，他再采用博采众长的办法把精彩的题目或者内容抄录在笔记本的右页中，为以后的总复习提供充足的“原料”。

到清华大学电子信息科学专业继续深造后，赵锦元发现清华大学就像一座知识的大宝库，随手可利用的资源非常多，这其中就包括丰富的馆藏资料。他继续沿用过去的做法，经常到图书馆借五六本参考书，每天晚上查阅不同的参考书，对照老师讲的某项内容进行深入的复习。看到和老师讲的一样的内容，一带而过；看到从不同角度加以解释的，他会仔细阅读，争取学会从不同角度、运用多种方法对同一个问题进行理解。这样不但加深了对基础概念的理解，而且学到了新知识。

赵锦元的复习经验是首先以教科书为中心，认真整理好课堂笔记，并不断“加工”笔记，增加笔记内容，然后在此基础上去看参考书，以便加深对知识的理解。由于这样的复习方法涉及的内容比较全面，效果也比较好，所以同学们在复习时可借鉴这样的方法。

进行系统复习时应注意的问题

系统复习是积累知识的过程，也是提高成绩的过程。每次进行系统复习的时候，总觉得要复习的内容太多，而时间又太紧，所以会很着急。那么，要怎样解决这一问题呢？这需要这些同学在进行系统复习时注意以下三个问题。

（1）一定要围绕一个中心课题进行系统复习。系统复习就是集中时间，对已经学过的知识进行再加工的过程。进行系统复习时，从已经学过的知识体系中选取一个内容作为本次复习的中心课题进行复习。比如要复习初三物理学中的“电学”，应该以“电”为中心课题复习“电学”；要复习高中“无机化学”，应该以“无机”为中心课题进行复习。这种横跨初、高中的系统复习方法，对穿插新旧知识点，促进知识的系统化可起到很好的作用。

北京大学环境专业学生汪若宇的复习方法很值得大家借鉴。比如要复习高中物理学科时，她会先把原来厚厚的好几本书、几十章的内容，分成力学、电学、热学、光学、分子学五大类，每次进行系统复习时只选其中的某一项。这样复习起来会有很强的针对性，不会找不到头绪。

（2）要保证充足的复习时间。系统复习是重新加工很多已学知识的一个过程，读、写、查资料、整理笔记就占据了很多时间，所以十几分钟或者几十分钟根本无法系统地完成一个学科的复习任务。因此，保证充足的复习时间是进行系统复习的基础。

北大学生汪若宇每次至少会用半天的时间进行某一学科的系统复习。到高三时，已经没有那么多的时间集中复习，她就采用“分散时间集中利用法”来解决这个难题。比如，为了复习数学，汪若宇会把一周的自由时间全部集中起来专门复习数学。所谓的自由时间，不是随便玩的时间，而是每天完成作业之后，所剩下的自己能够自主支配的时间。这些时间虽然是零散的，但因为要复习的内容是专一的，所以一天天累加起来，就是一整个“大块”时间，一点都不影响复习效果。汪若宇利用独创的“分散时间集中利用法”，提高了复习效率，取得了很好的学习效果，最终考入了心仪已久的北京大学环境专业。其实，每一位学生都可以从她的复习方法中找出适合自身的复习方法，以使自己收获良好的复习效果。

（3）善于发现问题，并进行深入钻研。不少学生都使用系统复习法，但他们收获的复习效果却不一样。这主要在于他们进行系统复习时，能不能善于发现问题，并对其进行深入的钻研。那些仅仅是读读书、背个定义和公式，然后再做一些练习题的复习过程只能用“走过场”来形容，这样的复习会导致一看就懂、一放就忘，一做就错的现象。

在进行系统复习时，汪若宇是这样做的：（1）不断地发现问题，再对问题进行深入研究。（2）通过回忆检查自己对概念、原理掌握的程度，发现哪儿还掌握得不好，并查找到原因。（3）对容易混淆的概念他会仔细对比一下，找出不同的点后再背牢。（4）推导过程中她会认真进行思考，搞清原理的适用范围，再深入思考假如条件发生变化，这些原理还能不能再成立等。

获取更多复习时间的奥秘

怎么保证拥有足够的复习时间呢？获取更多的复习时间有什么奥秘吗？以清华大学新闻与传播系学生杨可的复习经验为例给大家介绍一些这方面的技巧。

（1）杨可平时非常注重利用零碎时间来完成很多复习任务。她经常用达尔文的一句“我从来不认为半个小时只是一段微不足道的时间”来激励自己，并尽量用不起眼的零碎时间复习更多的内容。举一个例子，杨可会充分利用一天三顿饭饭前、饭后各 10 分钟复习功课，这样她每一天就能多复习一个小时。而高三毕业班每天要上九节课，有 80 分钟的课间休息时间。杨可会利用其中的半个小时进行复习，这样她每天就比别人多出一个半小时的复习时间，而一个月下来她就比别人多复习 45 个小时。

这些课间几分钟、饭前饭后 10 分钟的时间，都是十分零散的时间，很多同学对此根本不在意或者干脆嗤之以鼻，所以这些时间也就从他们身边悄悄溜走了。通常能把这些零散时间很好地利用起来的同学，都学习不错。

杨可经常把英语单词、数学公式、物理定律、化学元素周期表等零散的知识点抄写在一张卡片上，然后利用零散时间背诵卡片上的内容。她说这种积少成多、集腋成裘的时间管理法特别适合高中生，尤其是高三毕业班学生。

在清华大学的校园中，我们经常碰到抱着厚厚的书本一路小跑的学生或者骑自行车风驰而过的学生。如果遇到这种情况，大家千万不要误会，以为他们是在练习负重跑步或者炫耀自己的车技，其实他们是在赶时间。清华大学的校园非常大，宿舍、图书馆、自习室、教学楼、食堂星罗棋布地分布在校园中。从宿舍走到图书馆，或者从教学楼走到食堂，都需要很长时间。加上学习任务重、需要看的专业书籍很多，所以清华学子只能尽量赶时间，以将节省的每一分、每一秒都用在学习上。

（2）学会同时做好几件事情是杨可获取更多复习时间的另一个奥秘。杨可经常帮助父母做一些力所能及的家务活。比如，擦地、洗衣服、做饭等。这时，杨可并不是只做家务，而是把做家务活和复习功课有效结合起来。擦地时，她听英语磁带，练听力；用洗衣机洗衣服时，她会做一些简单的数学选择题和填空题。这样她既能做家务活，又不耽误复习功课，可谓是一举两得。

学过奥数的同学，都做过这样一道题：洗衣机洗衣服需要一个小时，电饭锅做饭需要半个小时，擦地需要半个小时，做菜需要半个小时，问最快多长时间能完成上述这些事情？答案是一个小时。因为这几项完全可以同时完成。如果每一次只做一件，则需要两个半小时，等于白白浪费了一个半小时。同样的道理，如果在等车、乘车时，听听外语、背单词、背句型；到超市购物等待交款时完全可以背语文；乘电梯时，可以背物理定义等。这样既复习了功课，又成了驾驭时间的达人。

如果善于利用零碎时间，可能会多出不少“大块”时间。这些“大块”时间主要用于集中复习上，通过重新读、写、查资料、整理笔记，梳理自己已学到的知识体系；利用“大块”时间深入钻研，加深基本概念和基本原理的理解；理顺新旧知识的交叉点，找到不同知识点之间的深层关系，起到一通百通的作用。

（3）要想获取更多的复习时间，还要善于排除种种干扰。如果在学习过程中，经常受到各种事物的吸引，比如精彩的体育比赛、花样繁多的电视节目、新上市的电脑游戏等就无法保证足够的学习时间，在这一方面杨可也深有体会。

杨可从小就喜欢看篮球比赛。上高中后，因为学习太忙，没有时间看电视，基本放弃了这一爱好。有一次，同学邀她到体育馆一起观看篮球比赛，而且这场比赛是由杨可喜欢的篮球明星领衔的队伍来参加的。这让杨可很纠结——到底看不看这场篮球比赛呢？如果看比赛，就可以和自己喜欢的偶像零距离接触，可是那样就无法按时完成当天的学习任务；如果不看比赛，虽然保证了学习时间，却白白放弃了一个和偶像交流的好机会。经过反复衡量后，她还是放弃了去看比赛，因为她觉得学生最重要的任务就是抓紧时间好好学习。

因为杨可排除生活中的各种干扰，一门心思学习，所以她的成绩一直都很优秀，最终被保送到清华大学攻读新闻与传播专业。

鲁迅先生在北京大学任教时常说：“人们对我能写出很多文章感到好奇，以为我是所谓的天才。其实我不是什么天才，我只是用喝咖啡的时间来写作的。”善于利用小时间、善于支配微时间的同学常常会获取“大块”时间，复习更多知识点，从而以优异的成绩考入理想的大学。

Chapter 9

总结法：

掌握学习进度，巩固学习成果

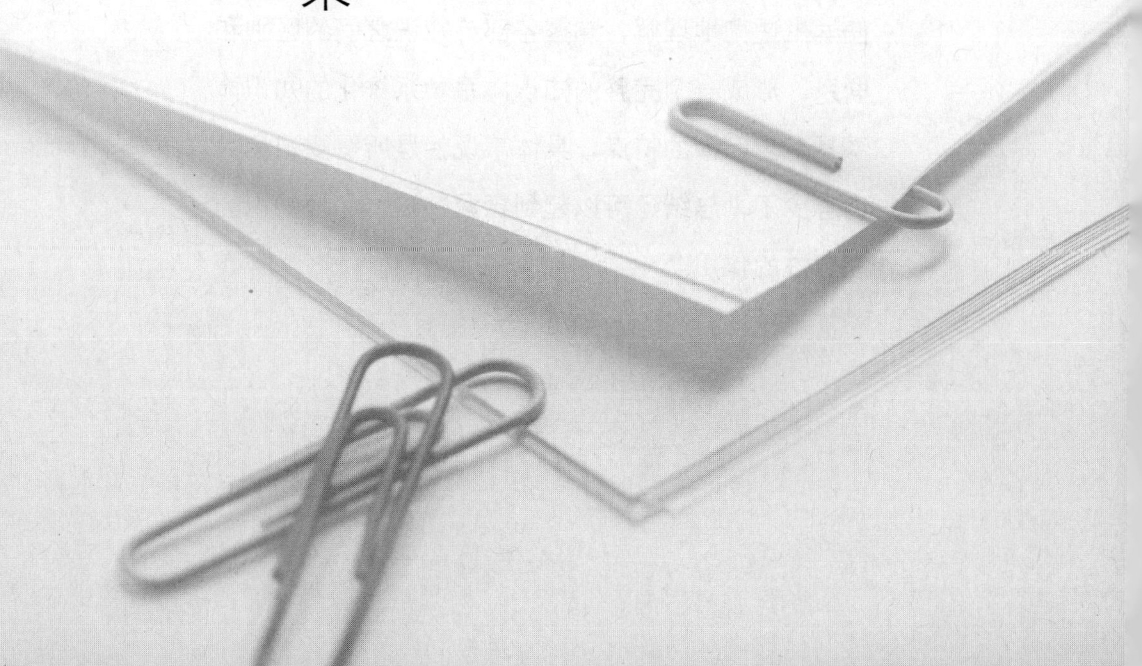

在学习的过程中对知识点的总结是很有必要的，它可以帮助学生了解自身的学习进度，巩固学习的成果。清华大学光华学院的李文华教授曾经说过:“所谓的智慧，不过就是用大脑组织起来的具有强记忆性的知识体系。”而对知识总结的过程就是建立和完善这个知识体系的过程，所建立的体系是将来复习当中的中心环节。

一个学生在平时的学习过程中，基本上可以做到对各科的基本概念和基础知识的理解和记忆，但是学生头脑中的知识比较独立、片面，没有连贯性。通过总结，可以把这些记忆的碎片连起来，融会贯通，使学生透彻地理解，掌握各部分知识之间的区别和联系，形成一个完整的知识体系。系统化的知识体系具有少而精的特点，具体来说就是所需要记忆的内容少了，总结还可以起到查漏补缺、保证知识的完整性的作用。

归纳和总结，让学习变得十分简单

在学习的过程中，学会归纳总结是很重要的，特别是对那些想要考进北大清华的学生来说。从字面意义上理解归纳总结，分为两个方面的内容：“归纳”和“总结”。

归纳法又被称为逻辑归纳，是从个别的现象引出一般性的现象，而在学习过程中，归纳就是把许多相似的知识点归纳到一起，使它们成为一个完整的知识点体系。

归纳学习法指的是善于归纳事物的性质和特点，它的前提条件是分析，以运用归纳的思维为主，把我们所学的知识进行串联，形成一个完整的知识体系。归纳学习法一般适用于概念、性质等。对知识点进行归纳，可以提高记忆，起到事半功倍的效果。

总结的过程就是对知识进行简化的过程，总结在学习的过程中起到十分重要的作用。

（1）总结能帮助学生更好地梳理知识结构，更好地找出学习过程中的重点和难点。老师在讲课时，为了学生更好地记忆，会讲一些和知识点相关的内容，但有些内容是不会在考试当中出现的。提取总结老师在课堂上讲的考点，有针对性地复习，能为更好地掌握知识、提高学习效率打下基础。

（2）在总结的过程中可以帮助学生更好地复习知识点，及时地发现和解决在学习过程中遇到的问题，弥补自身的不足之处。一份有效的学习总结是建立在熟练掌握课本知识基础上的，在总结的过程中多翻阅课本和课堂笔记，无形当中又将课本上的知识学习了一遍，这非常利于加深学生对于知识的记忆。

（3）总结在学习过程中起到一个承上启下的作用，可为后面的学习打下基础。

总结可以让学生更好地理解课本上的知识，提高对知识的记忆。归纳总结就是对课本上的知识进行压缩简化，让学习变得轻松愉快。

总结不仅仅包括对课本知识的总结，还包括对学习方法的定期总结。学习方法不是一成不变的，有些学习方法适用于这一科目的学习，但却有可能不适用另外的科目的学习。不同学习阶段的学习方法也是不同的，所以定期地总结自己的学习方法并及时对其进行调整是很有必要的。

有些想要考进北大清华的学生总是在问什么样的学习方法可以快速提高学习效率，如果用一句话来对其进行概括的话，就是“找出学习的薄弱环节，重点解决”。而总结就可以有效地帮助我们找出学习的薄弱环节，有时候学习总结比学习过程更重要。

年仅 17 岁的王子瑾是河南省 2013 年高考文科状元，他在回忆自己的学习生涯时说道：

“由于小的时候爸妈工作忙，我早早地进入学校学习。同学也都是比我大一到两岁的哥哥姐姐。由于年纪小的关系，我学习起来特别吃力，在初中时一直很刻苦地学习，但成绩一直没有得到提高。我记得当时我觉得非常地绝望，有一次期中考试我仅考了五百多分，我哭着向爸爸诉苦，为什么我那么地刻苦学习却始终得不到应有的回报。爸爸微笑地告诉我，可能是因为我的学习方法有问题，爸爸又和我分享了他在学习时的一些经验。爸爸的经验就是经常进行总结。每一课都准备一个独立的总结本。总结主要分为三个部分的内容：

（1）错题、难题部分。每次考试结束以后，可以把那些错题记在总结本上并同时记下它出错的原因；然后，再把正确的解题过程写在下面，争取下次不犯同样的错误。还可以把一些自己没有理解透彻的题目写在总结本上，分析自己的解题思路是在哪个地方断掉的，在把这些题目记下以后，每隔一段时间就把它拿出来，看看自己有没有犯相同的错误。

（2）阶段总结。可以一周总结一次，也可以一个月总结一次。这个总结的主要目的是检查在这个阶段学习时自己的收获和失误。

（3）学期总结，即在学期末最后系统地总结在这一学期学习过程中所获得的经验、得失。”

王子瑾说：“爸爸还告诉我，如果你能有条不紊地进行总结，那么你一定能取得理想的成绩。从那以后我就养成了总结的习惯。特别是在高三复习时，我周围的好多同学都在忙着做题，而我则不管学习有多忙都要抽出一定的时间来总结。这次的高考试卷上的好多题目都可以在我的总结本上找到与之类似的，所以当同学告诉我我是高考状元时，我并没有太多的惊喜，但我第一时间跑去拥抱了爸爸，因为是爸爸在我迷茫时给我指明了学习的方向，我才实现了我考进北大的梦想。”

考前做好复习，考后做好总结

“考前做好复习，考后做好总结”是那些考上北大清华的学生经常说的话。想要在一次考试当中吸取教训，取得进步，考后总结是必不可少的功课。但有很多学生没有考后进行总结的习惯，造成的结果是这次所犯的错误下次还会犯。考后进行的总结是对考试当中出现的一些薄弱点进行的总结。俗话说“吃一堑长一智”，只有在每次的考试后找到自己学习过程中的薄弱环节，才能不断地进步，对于那些想考进北大清华的学生来说也才能有实现心中理想的机会。

其实学习的过程就是不断发现问题的过程，而考试可以将我们在学习过程中存在的问题暴露出来。对于那些造成失分的题目，想要考进北大清华的学生可以从以下三个方面进行总结与反思。

（1）对基础知识的记忆是否够准确完整，对一些基本概念的理解是否存在偏差，对知识点的理解是否存在问题。如果是对知识点记得不牢，可以加强记忆；如果是解题方法不对，应该加强这方面的训练。

（2）分析考试时的心理状态。分析一下失分是考试时由于自己的压力过大而造成的失误，还是因为粗心大意而造成的失误。如果是心理紧张造成的失误，那就要对心态进行调整，在下次考试时争取保持一颗平常心；如果是因为粗心造成的失误，就要再细心一些。另外，在制定学习目标时一定要根据自身的实际情况来制定，不能好高骛远。

（3）在复习时检查是否有一些重点被遗忘，笔记是否完整。通过考试后的总结，可以找出学习上存在的不足和遗漏的知识点，以便能及时地调整学习方法，如此才能在学习的道路上少走弯路。另外，还可以把考试中失分的题进行分类。

归纳总结是学好所有学科的制胜法宝。那些想要考进北大清华的学生可以准备一个摘录本，主要记录老师在讲课时提到的经典例题、重要的例题、各类专题等。记录的题目不必太多，但做完题后一定要总结归纳，时间安排上可以用 3 ∶ 1 的比例分配做题时间和总结时间。做完习题并归纳总结以后，各科目的知识点脉络、要考的具体题型就会一目了然。以历史为例，历史考试时会经常出现像原因类、意义类的简答题。在答原因类的简答题时，需要弄清直接原因和间接原因，以及该事件的导火线。在答意义类的简答题时，就需要全方面考虑，比如对当时的影响、今后的影响等。如果在平时最好把所有的题型都归纳出来，这样考试的时候就会思路清晰，就不用担心会遗漏重点了。只有平时做好摘录工作，在最后的复习阶段才能轻松应对——复习时遇到不明白的问题时，在摘录本上就可以轻轻松松地找到例题，如此就不用再花费大量的时间去翻阅课本和资料。

考试的目的在于让学生不断地得到进步，只要同学们在考试结束后能够做到认真地总结和反思试卷上的错误，制订具体的改善计划，并不断地激励自己，就可以一步一步地向着既定目标前进。

湖北省 2005 年高考文科状元康静早已从北大毕业，她给即将高考的同学提出了这样建议：

“考试只是对知识的掌握程度的一次检查，并不代表着什么，所以不要对一次考试的得失看得太重。及时调整好心态对以后的高考会很有帮助。每一次的考试不管分数的多少，但一定要比上一次考试进步一点，哪怕是进步一两分。所以，在考试后进行试卷总结是很有必要的。我主要采用的方法就是在考试以后建立一个关于这张试卷的知识构架，根据这个构架把这次考试当中的失分点进行完善。我很喜欢研究错题的答案，找出我的解题思路和出题者的解题思路有什么差异。”

现就读于清华大学经济与金融国际班的王星艺是 2013 年吉林省的高考状元，她在谈到自己的学习方法时说道：“要培养良好的学习习惯和学习动力。”

王星艺出生在一个普通的工人家庭，从小她就非常懂事，知道爸爸妈妈挣钱不容易，所以她从小学开始就没怎么买过课外辅导资料。她考试的法宝就是课本和一个用来记录习题的本子。在每次考完试以后她都会对试卷进行总结，然后记在一个本子上。她不只是简单地把错题摘抄到本子上，而是会勤于动脑，找出错误的具体原因，看看以前是否出现过类似的错误，如果有，那么要找出第二次犯错的原因。

王星艺说：

“老师在课堂上讲的知识点具有普遍性，不能针对具体的每个人。自己是最清楚自己的学习状况的，所以，针对自己的薄弱环节加强练习就可以了。课本上的例题是最能体现知识点内容的，所以我经常会把课本上的习题抄下来反复地做，有时我也会根据课本上的例题编一些题目做。对于一道我弄不明白的题，我会反复地做上好几遍，直到弄懂为止，我绝对不会允许有似懂非懂的现象出现。”

在班主任金老师的眼中，王星艺是一个做事非常有计划的小孩，所以，在学习上很有章法。

想要认识学习当中的优势与劣势，就要善于总结

总结是学习过程中不可或缺的一个步骤，总结学习法就是对一段时间内的学习加以总结、分析和研究，肯定成绩，找出问题，得出经验教训，寻找出学习的规律。它要解决的中心问题，不是一段时间要学什么，如何学，学到什么程度的问题，而是对于一段时间的学习效果的总鉴定、总结论，是对以前学习的一种理性认识。

总结是学习过程中的一个重要环节，学生通过对学习进行总结，可以全面、系统地了解以往的学习情况，可以正确地认识学习当中的优势与劣势，可以明确下一步的学习方向。

通过对一段时期的学习的总结，使自己掌握学习的规律，并运用这些规律。当然在写学习总结时必须勤于思考，善于总结。

那些考进北大清华的学生是如何进行学习总结的呢？下面就为那些立志考进北大清华的学生归纳几条高效的总结经验。

（1）紧抓课本，夯实基础。所有的考试考点都是根据课本而出的，在考试当中，一定不会出现课本以外的考点。所以，不管是在哪个阶段的学习，课本都是我们学习的依据。而且，课本上所讲的知识点是整个知识体系当中的基础，而学习就像建大厦一样，基础打得好大厦才会建得高。

（2）全面阅读，系统归纳。因为我们所学的知识之间有着或多或少的联系，并非是脱离整体单独存在，所以学习总结并不只是片面或者对于某一章的总结，而是对整个知识体系的总结。只有全面了解知识结构，才能做到系统归纳。

（3）紧扣课堂，学会举一反三。课堂上的学习是掌握知识的关键，老师在课堂上讲的内容往往是课本的重点内容。那些想考进北大清华的学生必须做到上课认真听讲，向课堂45分钟要效率。与此同时，学生还可以根据老师讲的内容记录课堂笔记，那些重点、难点知识要特别记录，不要错过任何一个知识点。有的时候，老师讲的内容十分深奥难懂，学生需要反复思考才能弄懂，所以要将老师在课堂上讲的话熟记于心，紧跟老师的讲课思维。

（4）学以致用，温故知新。课后的复习会使学习起到事半功倍的效果，想要透彻掌握并熟练运用知识可以通过以下三个方面：①在上课前在脑海中大致回顾一下上节课所学的内容。②对于一些比较难理解的知识点要重点分析。③通过适当的练习题来巩固知识。

（5）强化练习，加深对知识的记忆。在课后认真完成老师在课堂上布置的作业，是复习课堂知识、加深对知识记忆的关键。在遇到难以解决的问题时先独立思考，要是经过思考还能解决就需要向老师或者同学请教，千万不能把问题积累下来。另外，解决问题也不能只局限于知道答案上，而是要学会从解题思路上举一反三，触类旁通。

（6）留心观察，日积月累。俄国著名心理学家巴甫洛夫曾经说过："对生活要做到观察，观察，再观察。"这条适合于语文学习的总结。在观察身边的人和事时，一是要用心观察，二是要及时地进行文字记录。只有这样，日积月累才能在写作文时做到胸有成竹，妙笔生花。

就读于清华大学新闻专业的黎玥是2011年贵州省的文科高考状元，在高考成绩下来之后，她就向学弟学妹们道明了自己的学习方法。她认为，在第一轮复习时最重要的是认真听老师讲课并做好笔记，因为认真听讲可以减少学习道路上的阻碍，减轻平时自主学习的难度。

第二轮复习时，就得从练习题出发，侧重积累和总结。对于老师每天讲的内容都要做一个系统的总结归纳。因为第二阶段的复习非常重要，所以那些想要考进北大清华的学生在进行总结归纳时一定要认真仔细，不可以将任何的知识点遗漏。在高考前的一个月中可以多练习一些往年的高考试题，在本子上总结出往年高考试题的类型。

其实黎玥的学习并不是一帆风顺的，她也有遇到瓶颈的时候，比如数学。虽然高考数学成绩只有126分，但黎玥非常满意，因为她曾经有过数学成绩不及格的记录。看到自己的总体成绩每次都被数学成绩拖后腿时，黎玥的心里非常着急。在课后她多次找到数学老师请教和交流数学问题，她把老师解题时的思路记录在本子上，回到家里反复研究，直到能用自己的语言描述一遍。她还将每次数学考试的错题整理成册，整理错题时，她很讲究技巧。记错题时，她不会将整道题都记下来，而是将每一道错题凝缩成一句话，以便以后的复习。这使她的数学成绩一直在进步，到了高三下学期，她的数学成绩经常会突破110分。相比于高考状元这个称号，黎玥更在乎的是自己的高考分数，因为这样她就可以读一个理想的大学了。她告诫那些和她一样想要考进北大清华的学生，要在每次考试中总结出经验，在错误中取得进步，在失败中学会成长。

Chapter 10

记忆法：

改变记忆方法，学会过目不忘

在学习的过程中，有些知识点只需要大概了解就可以，但是大部分的知识要点是需要我们熟知并记忆的。许多想考入北大清华的学生经常抱怨要记的内容太多，脑子根本就不够用。脑子真的不够用吗？北京大学人学研究中心实验数据表明人的大脑可以容纳近 5 亿本图书的信息量，所以就不存在什么脑子不够用的问题。至于有些学生提出的记不住的问题，这关键就在于他们没有找到正确的记忆方法，只要找到了正确的记忆方法，所有有关记不住的问题就会迎刃而解。

记忆技巧是学生学习成绩高低的关键所在，记忆能力也直接关系到学生的学习能力。好的记忆方法不仅会使学生的学习变得轻松和简单，还会使他们的学习成绩很快得以提高。正如美国著名经济学家、投资学家沃伦·巴菲特在北京大学演讲时说过的一句话：“好的记忆不一定会让你成功，但是不好的记忆力一定会让你失败，而且会失败得很难堪。”如何掌握一个科学的记忆方法，是每个想考入北大清华的学生所要面临的问题。那么，什么样的记忆方法是科学的呢？怎样记忆才是科学有效的呢？

学会科学记忆，让学习变得简单

关于记忆我们大致可以给出两个解释：记忆是人类心智活动的一种，属于心理学或脑部科学的范畴，代表着一个人对过去活动、感受、经验的印象累积，有数种分类，主要因环境、时间和知觉来进行分类；记忆就是我们的大脑接受、储存、使用的过程。

记忆可以分为三种：瞬间记忆、短期记忆和长期记忆。这三者之间存在着必然联系：反复地使用瞬间记忆和短期记忆，那么这些信息就会在我们的大脑中长期存在，成为长期记忆。

长期记忆对于人们至关重要，特别是对于那些想考进北大清华的学生而言，因为他们有太多的课文和公式要背。有些学生认为只有一字一句地死记硬背才能记得牢，其实，这种机械式的记忆方法反而忘得更快，难以形成长期记忆。因此我们只有学会科学的记忆法，才能快速高效地记忆知识，进而取得事半功倍的效果。

如何科学记忆，首先我们就得知道什么是科学记忆法。科学记忆法是指人运用科学知识认识并了解记忆原理、遗忘规律，结合自身的实际情况而形成的高效记忆的记忆方法。

下面就给大家介绍几种常见的科学记忆法：理解记忆法、联想记忆法、简化记忆法。

（1）理解记忆法。北京大学生命科学研究中心的实验研究表明，人类自身所理解和认同的事物容易被记忆，所以学生可以在学习的过程中采用理解记忆的方法进行记忆。有数据统计，运用理解记忆法的记忆效率是普通机械式记忆法效率的数倍。

想考进北大清华的学生，自然需要很好的记忆力。学生可以在记忆一些有意义的材料时，采用“先理解后记忆”的方法进行记忆，把材料根据段落的大小分成几个不同的层次，找出它们之间的逻辑联系，从而更好地进行记忆。

那些考进北大清华的学子在学习数学方面的知识时，基本上都是使用理解记忆的方法。由于数学是建立在逻辑学基础上的一门学科，了解并掌握它的逻辑体系进行记忆可以取得事半功倍的效果。在学习数学的过程中，无论是数学的概念、公式的概念和推导、法则的建立、定理的论证等，都是处于一定的逻辑体系之中的。所以，对于数学知识的理解和记忆，关键在于弄清数学知识的逻辑关系，了解它们之间的联系。比如，数学中的同底数幂的乘法、除法，幂的乘方，积的乘方的法则等的记忆，就需要知道是如何推导出来的。对所学知识不仅要了解它是什么，更要知道是为什么，这样印象才深，然后再有意识地进行记忆，就更容易记牢了。

在梦想考进北大清华的学生当中许多人最头疼的不是背诵数学公式，而是背诵文言文。如果在背诵古文时不看书后的翻译，就会觉得像在背诵天书一样，非常吃力。但是如果理解了文言文里的实词、虚词的含义和作用，在掌握了全篇的中心意思后再背诵课文，就会轻松很多。

那是不是说理解了就一定能记牢呢？那可不一定，即使是理解的东西也需要多次重复记忆才能形成长期记忆。有些人在理解了某个学习内容后就片面地以为学习过程已经结束了，而没有真正地想要把所学的知识记牢，所以，不会有去重复学习，加深记忆的意识，因此，就无法把所学的内容完全、准确地记住。

广东省 2009 年高考理科状元刘若旖学习时从不死记硬背，而是以理解记忆为主。其实，在学习时就应善于思考，学会举一反三，重点把握细节和重点。特别是对于理科方面的基本概念的记忆，如果不深入理解，就无从了解它们之间的逻辑关系，更不用说去更好地运用他们了。

就读于清华大学的朱宸卓在 2013 年的高考中以 725 的高分摘得北京市的理科状元的桂冠。在接受媒体采访时，他是这样介绍自己的学习经验的：

“我不是学霸型的学生，我也是普通学生当中的一员。我觉得良好的记忆是建立在理解的基础上的，你不理解的知识永远不会属于你，你也不会更好地去运用它。当老师要求背诵一篇文言文时，我首先会弄懂它每句话的意思，再理解段意，最后整体把握，了解全文大意，分析文章结构。

这样，理解了之后再去背诵，就会十分容易。相反，如果只是一味地死记硬背，反而适得其反，会忘得越快。”

2013年云南高考文科状元孟鑫禹在谈到自己的学习经验时说道：

“其实学习就是在掌握基础的前提下，学会思辨，用一种自然的学习态度，不要给自己太大的压力。我在高中阶段从来没有给自己设立一个明确的定位，要考到多少名都是顺其自然的。”

孟鑫禹还表示自己从来没有上过任何的补习班，也不做除课堂以外的作业。他说：

“我认为只要在课堂上认真听讲，把要学的知识点理解透了，再完成老师留下的课堂作业就可以了。”

在谈起他的学习方法时，孟鑫禹显得很有条理：

“在掌握课本知识的前提下，建立知识体系，把知识脉络梳理畅通，这些基础是骨架。其次，对具体的知识要点要知其然和知其所以然，要透彻理解知识的原理结构，弄清楚知识的前后关联。对于文科生而言，有一些知识是要求学生背诵的，那么，这些知识就要该背的背，该记的记，这里是没有捷径可以走的。想要快速地记忆这些知识要点的关键点在于先得理解这些知识，在记忆时不要给自己太大的压力，不要认为记忆和背诵是一种压力，而应当把它当作一种乐趣，为自己又掌握了一些知识感到快乐。”

孟鑫禹说，做到前两种学习法就可以进行第三种学习了，即要学会理解知识之间的相关性，要让知识像血液一样的循环起来，使它们之间的经脉疏通。

2013年河北理科高考状元孟令航在谈到自己的学习方法时也提到理解是记忆知识点的前提条件，他说：“想要熟记一个知识点，你就必须先理解它的意思。”

（2）联想记忆法。联想记忆法，顾名思义就是利用识记对象与客观现实的联系、已知与未知的联系、材料内部之间的联系来记忆的方法，或者利用两个事物之间相似的地方来进行记忆的一种方法。如果能把所用的材料与亲身经历过的事件链接起来，记忆效果会更好。

美国著名的记忆术大师哈利·洛雷因曾经说过：“记忆的基本法则就是由新的信息联想于已知事物。”这句话道明了联想记忆的重要性。

关于联想记忆法通常可以分为以下几类：

第一类，接近的联想记忆法。

接近联想法又称为“时近联想”或者“邻近联想”，是指一个人同时或先后经历两件事情，而这两件事情之间又有某种潜在的联系。如果在这以后这个人在经历其中一件事时就会在大脑中不自觉地联想到另外一件事。比如历史上有名的“望梅止渴”的典故，当曹操对士兵说前方有一片梅子林时，士兵脑海中所有和梅子相关的感受都被调动起来，想到梅子的酸味，自然会促进唾液的分泌，从而起到解渴的作用。

梦想考进北大清华的学生在学习数学有理数知识时，可以把有理数和它的概念与数轴联系记忆。把有理数与数轴上的点联系起来，把互为相反数、绝对值、有理数大小变得直观化。

第二类，相似联想记忆法。

根据事物之间在性质、成因、规律等方面的相似之处而建立起来的记忆方法。当一种事物与另外一种事物相似时，一些学生就会通过一件事物联想到另一件事物。而如果在记忆时能把要记忆的材料与自己之前相似的亲身经历联系起来，那么记忆的效果就会更好。比如在外语单词里，有发音相似的、有意义相似的，这些词语都可以用相似联想法来记忆。在日常生活中，我们会经常遇到这种情况，明明一个英语单词我们很熟悉，但是猛然间就是想不起它的具体意思，这时我们就可以从那些和它相似的单词着手，借此联想到它的意思。再比如，英语中的“comprehend”这个单词，它有“make out”的意思，而它的字面意思是“使….出来”的意思，它的具体意思有“分辨出”和“领悟到”的意思，这是从它的字面上很难理解的。在记这个单词时就可以联想：既然它的字面意思是“使…出来”，也可以联想成“使人出来”，也就可以联想到“把某个人从大队里叫出来或认出来”，由此就可以联想到有“辨别”的意思。这样就可以很容易地记忆单词了。

第三类，对比联想记忆法。

根据两件事物之间的明显对立的特征加以联想的记忆方法。通过对比联想的方法，我们可以更好地了解不同事物之间的差异，掌握各自的特点，从而起到加强记忆的效果。每当我们回忆起一件事物的时候就会联想起与它相对的事物。比较各种事物的特点，抓住其特有的性质，可以帮助我们提高记忆能力，这就是对比联想记忆法。比如在学习地理知识的时候就可以发现气旋和反气旋是大气中最常见的运动形式，其气压分布状况、气流状况、天气状况都相反，所以同学们在学习时只要记住一种就可以了。有很多的古诗词就用了这个方法，比如说在杭州岳飞庙前的一副对联写道："青山有幸埋忠骨，白铁无辜铸佞臣。"其中"有"和"无"是相对的，"忠骨"和"佞臣"是相对的。

第四类，聚散联想记忆法。

聚散联想记忆法是利用聚合思维对一定数量的知识进行记忆的方法，把所记忆的知识按一定的性质组合到一起或者把一些知识利用发散思维的方式进行分解，从多个方面联系记忆的方法。聚散联想记忆法包括聚合联想记忆法和发散联想记忆法，两者之间是互为逆过程。使用聚散联想记忆法可以起到触类旁通、举一反三的作用，从而使我们的知识面更加宽广。

第五类，运算联想记忆法。

在记忆有关年代的知识时，就会用到运算联想记忆法。运算记忆法是根据年代数字之间的数学关系来记忆的方法。比如：李时珍在 1578 年编写《本草纲目》，我们就可以联想到 15=7+8；周平王东迁，东周开始的时间为公元前 770 年，我们在记忆时就可以联想到 7–7=0 的运算；1644 年清军入关，建立清政府，我们就可以联想到 16=4×4 的运算；秦统一于公元前 221 年，可以想到 2÷2=1 的运算等等。这些都是运用运算联想记忆法，这不仅形象生动，还能帮助我们准确地记忆大事件发生的具体年代。

（3）简化记忆法。简化记忆法就是把所要记忆的内容进行简化，去其糟粕，取其精华的意思。简化记忆法可以一分为二：一是"找主干"，即在记忆时把所要记的内容主干（也就是整个内容中最重要的部分）先记住，然后用扩句的方法对内容进行补充。比如，记忆"货币是从商品当中分离出来的，是固定地充当一般等价物的商品"这句话。首先我们找出并记住句子的主干"货币是商品"，然后对其进行扩句，把"从商品中分离出来的""固定地"、"充当一般等价物"这些修饰成分记住。这个方法适用于那些篇幅较短却要求精确记忆的知识点（如概念、定理等）。二是找句子的"中心主语"，意思就是即在记忆篇幅较长的文字内容时，可以先找出整个文段的几个中心语句。一个文段有几个层次就有几个中心语句。

在记忆中心语句时一定要保证中心语句的完整性，不能多出一个字，也不能漏掉一个字。在记牢文段的中心语句后，将文段的其他内容进行反复的阅读，能做到在大脑中有个大概的印象，能在根据中心语句的提示下记起就可以了。这个方法适用于那些篇幅较长又没有要求进行精确记忆的文段（比如政治当中的简答题和论述题）。

简化记忆法是通过对所学内容的简化，以达到容易记忆的效果，从而使大脑减轻负担，使学习变得轻松起来。所以，在学习时同学们可以充分使用这一记忆方法。

掌握记忆规律，提高学习效率

据脑科学研究结果表明，人类对于信息的储存量远远超出我们的想象。研究者认为，只要是没有先天性病理缺陷的大脑就有可能通过掌握记忆规律成为天才大脑。那么我们如何认识记忆并利用其规律呢?

（1）记忆是有规律的。记忆是有规律可循的，根据清华大学社会学家研究表明，记忆规律包括以下几个方面：

①研究表明，每次信息的输入，其记忆的时间长短是不一样的。以背写英语单词为例，当你第一次背诵一个单词时可能记住它的时间只有几秒钟，第二次背诵这个单词时可能记住它的时间会是几个小时，再重复可能就是记住几个星期甚至几个月。也就是说，重复背诵的次数越多，记忆的时间就会越长久。

②当需要记忆的信息量偏大时，就会很难准确地记忆。研究表明，每到这个时候，可以把所要记忆的东西分为几个小的部分依次进行储存记忆，这样记忆的效果会更高。

③联系认知的循序渐进的规律，揭示了不同事物之间的内在联系。任何新的事物都是从原来旧的事物当中发展、衍生或转化而来。所以，对于新信息的记忆，可以通过和原有的旧信息之间的联系进行联想（接近联想、

相似联想、对比联想等），从而形成一个新的系统，便于记忆。

④将不断重复记忆的过程叫做转化律记忆，即从瞬间记忆到短期记忆，再到长期记忆是需要一个转化过程的。由此可以得出，从感知记忆到理性记忆，再到生成新的知识也是需要一个过程的。这个过程实际上就是从量变到质变的过程，一个事物一旦发生质变以后，就可以长期地保存在人脑之中。

⑤有些信息可能会对我们原有的信息有一些影响，这称之为信息之间的干预或者叫干扰，可以分为正干扰和负干扰。正干扰是指前后互相加强；负干扰是指信息之间起相互抵制的作用。在学习的过程中应当充分利用正干扰，尽量避免负干扰，只有这样才能更好地记忆所学的知识。

⑥强化律刺激强烈，能更好地激发起人们的兴趣，使人印象深刻，便于记忆。所以并不是说学习的时间越长能记住的东西就会越多，大脑毕竟不是电脑，它也需要休息。清华大学脑部研究中心的实验研究表明，人的大脑在一天当中最为活跃的时间段分别为：上午 9 点至中午 12 点，下午 3 点至 5 点和晚上 8 点至 10 点。如果能在大脑最为活跃的时间段里学习就能达到事半功倍的效果。相反，如果大脑得不到应有的休息，就会影响记忆的效果。

就读于清华大学工业工程专业的杨洋是 2012 年广东省理科高考状元，在谈到他的记忆方法时，他有条不紊地说道："合理地分配时间很重要，我会在早上读语文和英语，因为那段时间的记忆力比较好；晚自习开始的时候，我会先做理科的习题，然后用文科的习题来调节一下神经。"

（2）利用遗忘规律提高记忆。世界上任何事情都是有规律可循的，记忆也是如此。以北大清华为目标的学生如果能正确掌握记忆和遗忘的规律，将对你们提高记忆有很大的帮助。

曾经有位科学家做过这样一个实验：他让两名实验志愿者背诵同一篇文章，但他要求志愿者甲每天进行复习，而志愿者乙则不受这个约束。一天后，两人背诵的正确率相差不大。第二天，甲的正确率为 97%，而乙的正确率仅为 54%。一周以后，甲的正确率为 100%，而乙的正确率仅为 34%。这就是"学而时习之"的道理，

我国著名漫画家、曾在北京大学任教的丰子恺先生在学习外文时，要

求自己每篇文章都要读22遍。这是一种及时记忆方法的运用。他的具体做法是：

第一天，将第一课读10遍。

第二天，讲第二课读10遍，讲读第一课读5遍。

第三天，讲第三课读10遍，讲第二课读5遍，讲第一课读5遍。

第四天，讲第四课读10遍，讲第三课读5遍，讲第二课读5遍，讲第一课读2遍。

这样，每篇都读22遍，分四次读完，随后做上记号。

这种方法的学习效果很好，几个月后，丰子恺先生就能看长篇外文小说，并开始从事翻译工作了。

在材料被记住的前一两天里，遗忘率是最高的，然后记忆的遗忘率就会逐渐降低，直到最后的趋于稳定，这就是世界上有名的“艾宾浩斯遗忘曲线图”。根据这一理论可以得出一个结论：从记忆到复习的时间间隔越长，需要重新恢复记忆的时间就用得越长，所以在学习一项新的知识时，必须在短时间里对其进行复习。

就读于清华大学的冯寒野是2013年重庆市的理科状元，他说到自己的学习经验时只说了一句话，那就是勤能补拙。他进一步解释道：“我认为我不是一个特别有天赋的人，就是靠平时的积累，例如我每天都会背诵单词，而且会抽出一定的时间来复习以前所学的单词，以达到温故知新的作用。对于那些语文老师要求背诵的名言名句，我都会认真地背诵下来，绝不心存侥幸。我平时也会自己积累一些课外的名言名句，所以在这次的高考中，有些生僻的名言名句好多同学都不知道，而我却能轻松地写出来。”

那么，如何降低遗忘率呢？在考前复习时，有不少同学只是盲目地背诵一些知识点，认为能背多少是多少。这是错误的方法，这样不仅使大脑容易疲劳，而且会使大脑处于一种混乱的状态，更不利于复习。所以，想要提高记忆能力，如何降低遗忘率是首先要解决的问题。

北大的一位心理学教授说过，人们在识记工作即将结束的时候，注意力会更加集中，记忆效果也是最好的。但是识记的中间阶段人的精神会出现松弛的现象，产生厌倦的心理，从而不利于记忆。所以在安排记忆计划的时候，应尽可能地将一些重要的信息放在工作开始或者工作结束的时候进行。除此以外，还可以将较长的知识点按照其内在特点进行分层记忆，这样记忆效果会更佳。

制定一个明确的记忆目标，也会对降低遗忘率有很大的帮助。比如在某一复习阶段或者某一时间段里，要求自己要记忆哪些内容，要达到怎样的学习效果，在此后的多长时间内对其进行复习等。以优异成绩考入北京大学法学院的周红同学说道："在复习时，应计划好多少天背第一遍，多少天背第二遍。今天背哪一章哪一节，明天背哪一章哪一节，这样具有目的性的复习，才能做到心中有数，而不至于要记太多的东西产生疲劳感，也不容易乱了头绪，更不会在背的心烦意乱时失去信心。"

那么想有效地降低遗忘率具体应该怎么做呢？那些考进北大清华的学生通常是采用以下几个策略来降低遗忘率的。

（1）在短时间内对所学的知识进行一次系统的总结与归纳，使知识之间形成内在的链条关系。

（2）把难以记忆，并且容易遗忘的知识点写在一个小本子上，经常拿出来复习。

（3）采取一些特别的方法来降低遗忘率，比如将知识要点编成顺口溜或者用唱歌的方法将之唱出来。

（4）在每次考试之后，将试卷从头到尾地梳理一遍，将做错的和被遗忘的知识记在一个小本子上，经常拿出来复习。

2013年乌鲁木齐市的张雪月以696（奥赛加10分）的高分拔得头筹，成为新疆理科第一名，并收到了清华大学的录取通知书。在谈到自己的学习心得时她说道：

"当得知我是全新疆理科第一时，我并没有太大的惊喜，不是我自负，而是我有这个信心。其实我刚上高中时学习成绩并不理想，一直处于班级的中等位置。我记得当时自己非常地颓废。后来我的班主任刘老师找我谈了一次话，他告诉我现在的名次不代表永远的名次，指出我学习成绩不理想的主要原因是还没有找到适合我的学习方法。通过那次简单的谈话，我和刘老师成了无话不说的朋友。以后我只要有什么不理解的地方就会去找刘老师请教。

除了心态上的调整以外，我逐渐有了一些独特的提高学习成绩的小方法：①用各种小本子记录数学和物理的错题。②用便于携带的小本子记录生物和化学的知识点以及英语的语法。然后用不同颜色的笔标记出哪些是需要重点记忆的，哪些是需要精确记忆的。错题我会反复地琢磨直到我完全弄懂为止，在这方面我觉得我有点偏执，错过一次的题我是不允许自己错第二次的。而记录化学、生物的小本子我会走到哪带到哪，看到哪。有一次我在洗手间看书太入神以至于忘了时间，导致我妈以为我在洗手间晕过去了，差点打电话报警。我非常喜欢读书的感觉，在看书的时候我会感到很踏实，因为看书学习，我的生活变得十分充实。我也很庆幸在我迷茫的那段时间里我没有放弃我的清华梦。”

关于如何更好地记忆所学的知识，在北京大学讲课的脑科学专家指出，在背诵时最好能大声地朗读出来，大声地朗读可以使大脑通过耳朵第二次接收到信息，加上之前通过阅读接收到信息，大脑实际上是接收了两次信息，这样就大大降低了对知识的遗忘率。

想考进北大清华的同学们还可以通过一些小游戏的方法来降低遗忘率。例如，在课后和同桌进行你问我答的游戏来巩固上一节所学的知识。这种方法会使一些印象不深刻的知识点，通过同学的提问和提示在你的脑海中变成真实深刻的印象。

形象记忆法：让知识具象化

形象记忆就是在记忆的过程中运用脑海中的直观形象，采用形象思维，以达到提高记忆的效果。中国有句俗话：“百闻不如一见。”意思是听别人说了一百遍的效果比不上自己亲自去看一遍的效果好。由此，我们可以了解到有着直观形象的事物会给人留下较为深刻的印象和记忆。其实，那些想考进北大清华的学生在学习的过程中应该明白这个道理，直观形象的知识要点比枯燥抽象的文字语言更容易记忆。

那为什么形象的事物容易被记忆呢？这得从人类对客观事物的认知开始说起，通常人类了解周围的事物是借助感知器官，而感知正是由直观形象开始的。人类对于事物形象的记忆是最原始的记忆，对抽象概念、系统知识的记忆则需要一定的知识结构作为基础。而且，形象记忆是人脑中最能在深层次起作用的、最积极的，也是潜力最大的一种记忆方法，是和人类右脑运作模式最相符的记忆法。特别是我们亲身经历一件事后，我们留下深刻的印象，比如我们到动物园看小动物，到一个风景宜人的景区去游览一下等。总之，你亲身经历的记忆远比你在书本上或者听别人说的记忆要记得久远。

美国学者哈拉里多次强调形象记忆的重要性，他曾经说过："千言万语抵不过一张图的效果。"鲁迅先生也很重视形象对于记忆的重要性，他在北大任教时就经常使用一些图片来帮助学生加深对所学知识的理解和记忆。17世纪捷克教育家夸美纽斯更是直接地指出："凡是需要知道的事物，都要通过事物的本身来进行教学。也就是说，应该尽可能地把事物本身或者用替代它的图片放在学生面前，让学生更直观地去看、去摸、去闻等。"

那么，如何将形象记忆运用到日常的学习当中呢？想考进北大清华的学生可以在日常的学习过程中，尽量多用一些直观形象的方式，将那些艰难抽象的知识要点，设法使之形象化。其具体可以采用以下几个方法。

（1）用模型法。例如，在学习的过程中可以借助于一些模型，学生自己也可以制作表格来加深对知识的记忆。

就读于清华大学计算机科学实验班的吴家俊同学对此深有感触，他在回忆高中生活时说道：

"当年我们学校专门指导信息学竞赛的老师离职了，新来的老师对一切还不怎么熟悉，于是我们在寝室里成立了一个互帮互助小组。每个人都得教其他同学自己擅长的方面，为了使其他同学更好地理解我所要教的内容，我会提前把它制作成表格的形式。为了使表格更加的完美，也为了不让同学在学习过程中有脱节的现象，我还会和其他同学进行交流，找出我们所要讲的内容之间的相关性。有时我们也会找一些高年级的学长请教一些学习方法。就这样经过一个学期的努力，我们寝室里有三个人进入了清华大学进行深造。"

不过，学生在制作表格时应当注意两个方面的问题。

第一，使用表格的主要目的是为了加强记忆，为了使所学的知识更加条理化和形象化。因此，在制作表格之前应当对所要复习的知识进行梳理一番，使它们之间具有相关性。比如，记忆某个单词时，我们可以把该词语的同义词和反义词统一列入表格，这样会使知识更加清晰，并且具有举一反三的效果。

第二，表格的实用性是制作表格最根本的出发点，所以没必要过度地去强调表格的美观性，而是要把更多的时间用于记忆的速度和效果上。

（2）形象比喻法。用自己熟悉并记忆深刻的事物来比喻所要记忆的知识点。形象比喻记忆法的优点在于把抽象的事物转化为具体的事物或熟知的事物，从而使之符合右脑的形象记忆，以达到提高记忆效率的目的。比如，通常人们用“皇冠上的明珠”来比喻“哥德巴赫猜想”这一数学命题。孟繁星在清华讲到地球内部结构时将地球比作一个鸡蛋，地壳好比鸡蛋的外壳，地幔好比鸡蛋中的蛋白，而地核就像鸡蛋里的蛋黄一样。这样，就可以让学生在学习自己不熟悉的事物时，与自己熟悉的事物联系起来，以便于理解和记忆。

（3）语言描述法。把一些抽象的知识要点用生动形象的语言来表述。例如，古代的一个学生将圆周率后的22位数字结合老师上山喝酒的事情编成了一句顺口溜“山巅一寺一壶酒，尔乐苦煞吾，把酒吃，酒杀尔，杀不死，乐而乐”代替圆周率3.1415926535897932384626。此外，还可以利用一些口诀记忆法。比如，我国的二十四节气歌，在劳动人民当中广为流传：春雨惊春清谷天，夏满芒夏暑相连；秋处露秋还霜降，冬雪雪冬小大寒。不光是节气歌，我国的乘法口诀、珠算口诀，还有百家姓都是利用口诀法来方便人们的记忆的。

Chapter 11

自学法：

课堂重要，课堂外更重要

在生活节奏如此之快的今天，高效率似乎成了一个人做事的标准。不仅是公司里的老板们会要求员工要高效率地工作，学校里的老师也开始要求学生们有一个高效率的学习方法。但有的时候对于那些想考进北大清华的学生而言，学校里的教学进度又阻碍了他们的学习效率，在这种情况下，有的学生会在老师之前去学习新的知识，也就是所谓的自学。英国著名生物学家达尔文曾经说过："我任何有价值的知识都是从自学中得来的。"中国古代也有鼓励人们自学的名句，比如："师父领进门，修行在个人。"我国著名的数学家华罗庚在清华大学讲课时说过："任何一个人都必须养成自学的习惯，即使是今天在校的学生，也要养成自学的习惯，因为你们迟早要离开学校的。自学，就是一种独立思考、独立学习的能力。行路，终究要靠行路人自己。"

想成为北大或清华的学生，可以在完成学校既定的学习任务时选择自学的方式来提高学习效率。而想要有效率地自学必须做到两个方面：一是选择自己感兴趣的、擅长的科目；二是在自学时必须要保持专注和自信。尤其在学习语文方面的知识时，自学显得尤为重要。

自学：一条成才的有效途径

在古时，自学者常常被师出名门的人看不起，他们认为自学者没有接受正统教育，所学的都是歪门邪道，不能登大雅之堂，在当今社会，也有不少人对于自学存在着误解。特别是有些学生家长，他们不相信自己的孩子有自学的能力，认为想让孩子考入清华北大就必须参加课外辅导班，而且他们认为只有这样才是对孩子负责。殊不知，对于那些有自学能力的孩子来说，参加辅导班降低了他们对学习的兴趣反而不利于他们学习成绩的提高。

那什么是自学呢？自学可以从多个方面来理解。通常情况下，自学指的是在没有任何人的帮助和指导下独立掌握一门知识或一项技能的过程。有些把考进北大清华作为高考目标的同学不满足于学校的教学课程，他们往往会利用课外时间进行自学。

2008年清华大学美院里迎来一位特殊的学生——一位25岁的大小伙。他叫黎俊，他自嘲道："我现在已经算得上是'老人'了，在老家和我同龄的人早已结婚生子，有的小孩都会打酱油了。"当有记者问他为什么这么多年会坚持参加高考时，他回答道："我从小就喜欢画画，考入清华大学的美院一直都是我的梦想。"

坐在清华美院教室里的黎俊望着窗外的天空长长地舒了一口气——此刻在高考路上走了八年的他终于实现了自己的清华梦。那他又比清华里的其他学生特别在哪里呢？在他的背后又有哪些不为人知的故事呢？

1983年黎俊出生在湖北省通县一个叫阁堂的小村子里。2000年，年仅17岁的黎俊中专毕业后参加当地的高考，被沙市工艺美术学校录取。但当时由于家境贫寒，他毅然放弃了这次上学的机会，辍学外出打工挣钱供弟弟妹妹读书。

辍学后，黎俊开始了他的打工生涯。他的第一份工作是在武汉的一家画室打工，还在一个美术培训班当老师。渐渐地，他和培训班里的学生打成了一片，成为学生口中的“黎哥”“黎老师”，但他心中的清华梦却日益坚定，他也不断鼓励学生考清华大学美院。

从2001年到2007年，连续七年黎俊都参加了高考，并且从2004年开始他报考的学校都是清华大学。在打工期间，他为了省钱买高考复习资料，经常是馒头就着白开水。为了合理地安排时间来更好地学习专业知识，他把一年分为三个部分：12月到次年的3月，在北京美院上美术班，参加专业考试和学习；3月到6月，回到原来的高中，复习文化课；夏秋两季打工挣钱供自己学画和生活。在北京美院上美术课时，每月需要的费用非常高，所以他就利用课余时间在天桥上给人画画挣钱。在2007年时，他仅以一分之差与清华美院失之交臂，但他并没有为此放弃对清华美院的追求，而是收拾行囊开始了新一年的高考之旅。

在2004年到2007年这段时间里，有很多人对黎俊坚持报考清华美院这件事提出质疑，说他是为了哗众取宠，博人们的眼球；也有人说他是好高骛远，夜郎自大，就连从小和他最亲的弟弟都不理解他。特别是2007年，他以一分之差与清华美院失之交臂，而当时也有其他大学的美术学院向他伸出了橄榄枝，不过都被他拒绝了。当时，还在湖北师范学校读书的弟弟还专门跑过来质问他问什么一定要坚持报考清华美院。当时，他只向弟弟说了一句话：“因为清华美院是哥的梦想，如果连梦想都没了，那哥活着还有什么意义？”

2008年，是黎俊第五次报考清华美院，这次他在专业考试中取得了577的高分，是当年湖北省专业考试的状元。7月中旬，文化课过线的黎俊收到了清华美院绘画系雕塑专业的录取通知书，拿到通知书时他异常平静，反而是弟弟喜极而泣，在家门口抱着哥哥抱了好久才撒手。

黎俊通过自学，经历了八年的高考实现了自己的清华梦，这为那些想要考进清华的同学树立了榜样。

可见，自学也是成才的一条有效途径。所以，想要考进北大清华的学生更应该具备自学的能力。

厚积薄发：提升写作能力

对大多数同学来说写作文是一件非常头疼的事，通常情况下学生在拿到一个作文命题时不知道从何下手。最终，在考试中写不出高分作文，从而影响整体的成绩。

我国古语有云："水之积也不厚，则其负大舟也无力；风之积也不厚，则其负大翼也无力。"而大量的优秀写作素材对于高考作文来说就是载舟的水、扶翼的风。

通常情况下，高中生积累写作素材的方法无非两种：充分挖掘教材和以教材为本，向课外延伸。由于这两种方法被大多数学生采用，所以重复地使用一个写作素材的事情时有发生。而且，课本上的案例毕竟是有限的，长期使用会限制学生的想象力，不利于学生今后的发展。其实，丰富多彩的现实生活就是取之不尽的写作题材的源泉，在现实生活中存在着大量的题材，这些题材也是最真实的。

所以，那些想进入北大清华的同学可以通过以下方式来提高自己写作的能力。（1）利用课后自学的方式来丰富自己的写作素材，当然这就要求同学们关注生活。我国著名的教育家叶圣陶就对北京大学中文系学生说过："生活如源泉，文章犹如溪水，源泉丰富而不竭，溪水自然欢快地活泼流个不停。"而善于做一个生活中的有心人，在写作文时就不必担心没有素材可以写。比如，在2008年发生了许多事情，这些事情成为每个中国人脑海中不可磨灭的记忆。雪灾、地震让中国人在大灾大难面前经受住了考验，奥运会的成功举办让中国人为之振奋和骄傲。三鹿奶粉事件让我们陷入反思，同时也为我们敲响了警钟。此外，也可以利用课外的时间有针对性地去看一些好的书籍和电视节目，以此来丰富写作素材，提升写作能力。比如，可以看《中国十大感动人物》《百家讲坛》《杨澜访谈录》《说出你的故事》等。

（2）通过参加一些课外活动，来创造写作题材，从而提高自己的写作能力。例如，可以参加学校的各种晚会，在节假日举办“献爱心”活动或演讲，在活动后写下自己参加活动的心得；可以参加一些社区举办的“慰问孤寡老人”的活动，在照看那些老人的同时进行思考，这样就会积累下丰富的写作素材，写作时可以随时拿出来用。

（3）阅读。常言道：“熟读唐诗三百首，不会作诗也会吟。”阅读是积累素材最直接、最有效的方法，书中的一个好词、一个有意义的成语、一个感人的故事都会成为将来写作的素材。所以，同学们要多阅读，在阅读时，可以将一些句子或一段话抄写下来，甚至可以把整篇文章剪下来，制作一个“作文选集”。还可以学习优秀文章的结构和写作方法等，为自己的写作提供指导。总之，多读书，不仅可以丰富知识，还可以积累大量的素材，这样写文章时就有了“源头活水”。正所谓“不积跬步无以行千里，不积小流无以成江海。”

（4）对于生活中发生的一些趣事要及时地进行记录，也可以用日记或随笔的形式写下来。日积月累，集毛成裘，才能在写作时做到胸有成竹，水到渠成。

曾就读于清华大学的林丽渊是2007年广西壮族自治区高考文科状元，她在谈到高考作文时说道：

“作文是高考中分数最高的一题，也是分数拉开差距的一题。所以没有人敢忽略它，但是在高考中写出一篇水平高的作文也是需要技巧的。首先是要在第一时间找到题目的关键点在哪，也就是审题要准确，如果内容写偏了，就很难拿到较高的分数。我一般在写作文时会审题四到五遍，然后列出提纲给老师，让老师看看是否存在什么问题。这样反复地训练几次，审题的能力就有了显著的提高。其次就是突破素材关，充分的写作素材是高考作文能拿高分的关键。一般的议论文要有两到三个例子作为论据，论据最好为一古一今，一正一反，而且要衔接恰当。这就要求在平时多收集一些好的素材，最好找一些典型的人物把他们的生平事迹反复地看几遍，做到心中有数。最后就是作文的结构问题，我一般采用的是总分总的结构。开头用排比论证，这样气势会加强，使人眼前一亮，结尾也要写得漂亮，这样能给评卷老师好的印象。最后字一定要写得漂亮，虽然高考作文不是书法大赛，但同样对书写有严格的要求。建议大家从高三开始就坚持每天练字，不一定要练得跟书法家似的，但一定要工整，如果龙飞凤舞，拖泥带水，让人一看就没有阅读的欲望了。”

2009年陕西省高考文科状元王欣怡以总分668分考入北京大学法学院。她喜欢古典民乐、喜欢古诗词、喜欢国学……她说自己喜欢这些是受了金庸的影响。从小学到高中，除了中国古典的四大名著以外，她最喜欢的就是金庸的小说。“青山磊落险峰行，玉璧月华明……”《天龙八部》中的句子她可以做到脱口而出，甚至到现在，她都可以将《射雕英雄传》的回目倒背如流。她说：“当时读这些书只是因为喜欢，没想到在以后的考试中会用到它们。”

由此可见，只有学会观察生活，在生活中积累大量写作素材，在阅读中吸收营养，这样写出的文章才能言之有物，才能获得高分。

通过科学合理地自学，也能取得成功

相比于传统的教育方式自学更加注重学生的学习能力，倡导学生主动参与、勤学好问，注重培养学生的收集和处理信息的能力、团队合作的能力、获取新知识的能力和分析解决问题的能力。

自学的核心是充分发挥学生学习的主动性和积极性，重点培养学生的学习能力。我国著名教育家陶行知在清华大学任教时曾经说过：“我认为好的先生不是教书也不是教学生，而是教学生如何去自学。”曾经的北大中文系教授叶圣陶说过：“教是为了不教。”教育真正的目的不是让学生记住课本上的知识，而是要教会学生自我学习的能力。即使是北大清华的学生也终将会离开学校这座象牙塔，而且学校学的知识有一定的滞后性，想要适应高速发展的现代生活，取得成功，就必须拥有良好的自学能力。因此，对学生自学能力的培养是教学中不可缺少的一部分。

自学是学生的一种综合能力，不仅对学生的成绩提高有帮助，而且对其今后生活的影响也会很大。但在现实教学过程中自学往往会存有误区，往往会出现“放羊式”“自由式”“一刀切式”“走过场式”的现象。因此，学生在自学活动中应采取正确的学习策略。

自学具有以下几个方面的优点：（1）自学可以培养学生学习新知识的能力。（2）自学可以使学生养成良好的学习习惯。（3）自学可以培养学生的自信心。（4）自学可以激发并保护学生的好奇心。（5）自学可以培养学生的创造能力。

自学只是提高学习效果的途径中的一种，并不适用于所有学生。自学者应该具备以下这些方面的能力：（1）具备制订有效可行学习计划的能力。（2）具备对学习材料和学习活动是否符合学习计划的判断能力。（3）具备对学习材料和学习内容选择的能力。（4）具备设计独特的学习活动的能力。（5）具备很好的沟通交流能力。（6）对学习计划的实施有监控能力。（7）具备良好的心理素质。（8）具备对学习结果进行评估的能力。如果不具备以上的能力，自学不但不会帮助学生提高成绩，反而会成为学习过程中的拦路虎。

高中是培养自学能力的关键时期。自学能力的培养不仅是针对课本上的知识，更多的是针对学生对于课本以外知识的积累与运用。想进入北大清华就读的学生应该使用高效率的学习方法，培养自已独立思考的能力。好的学习策略是自学的保障，也就是先要做到“学会”。那些想要通过自学途径进入北大清华就读的学生可以通过以下几个方面来提高自己的自学能力：（1）对自身的条件进行客观的评价和分析。（2）要明确学习的总目标，这是制订自学计划的依据。（3）学会多渠道获取信息，以便在学习过程中有较高的自由度。（4）要经常和老师或同学进行沟通，比如和同学交流彼此的学习技巧和方法。（5）在必要时学会向他人求助。

我国著名生物学家童第周就是一位自强不息的自学者。由于家里穷，童第周17岁才进入中学就读。刚开始进入学校时，他的文化基础非常薄弱，学习也非常吃力，第一次考试他的平均成绩只有45分。他拿着成绩单心想：我一定要争气，我不比别人笨，别人能做到的事情我通过努力也可以做到。可是校长却劝他退学或者是降级，经过童第周的再三恳求，校长才勉强答应让他跟班试读一个学期。

第二学期，童第周更加发奋学习。每天天还没亮他就起床到外边的路灯下读外语，晚上等同学们都睡着了，他又跑到路灯下读外语。有一次，他被学校的检查老师发现，老师关了路灯，让他回去睡觉，可他趁检查老师不注意，又偷偷地跑到厕所的路灯下读外语。就这样，经过半年的努力，童第周的成绩终于赶了上来：各科成绩都不差，数学甚至考到了100分。

后来，童第周在28岁的时候，得到亲友的资助到比利时留学。在比利时，他跟当地一位有名的生物学教授学习，和他一起学习的还有来自其他国家的学生。由于当时的中国贫穷落后，在国际上还没有地位，所以他的同学都很看不起他。于是他暗暗下了决心：一定要为中国人争口气。之后，他发奋学习，在学期结束时出色地完成了导师所留的课题研究，获得了全班最高分，赢得了其他同学的尊重。

童第周在清华讲课时，经常以自己为例子来说明自学的重要性。

国外也有很多科学家通过其自学取得成功的。比如，发明大王爱迪生、法国著名的化学家、物理学家法拉第、等等。

曾经有位考入北大的高考文科状元说过：“小时候家里穷，从农村到城里就是为了好好读书，将来回去建设家乡，对于我而言世界上最幸福的事莫过于读书。所以我利用一切时间抓紧学习，有一段时间接近于疯狂的程度，周围的同学都以为我疯了，但他们不了解学习对于我的重要性。在我们老家有这样一句话：‘技不压身’。所以我在课外的时间自学了其他课程。我从小就特别喜欢计算机，所以我在课后自学了计算机编程，在高二的下半学期就拿到了计算机三级等级证书。”

Chapter 12

溯源法：抓住薄弱环节，一补到底

我国南宋著名诗人朱熹有句脍炙人口的诗句："问渠哪得清如许？为有源头活水来。"它深刻地揭示了自然界万物之间源与流的关系。学习也是一样，只有找到知识的源头，才能更好地学习以后的知识。而溯源学习法，又称寻流溯源学习法，即在学习的过程中，对所学的某项知识的出处或由来进行认真考证，从而掌握整个的知识体系。

溯源学习法对想要考进北大清华的学生来说，就是要求他们在学习上要有"刨根问底"的精神，即要求他们要有对知识根源的探索欲。学习不能浅尝辄止，要刨根问底，追本溯源，要"知其然"也要"知其所以然"，要弄明白怎样才能在学习的过程中不断地取得进步。刨根问底的"学"就是要学好、学深、学透、学精、学细，力求在关系学习成绩的一些重点领域和关键环节上寻思路，求突破。

在学习上要具有“打破沙锅问到底”的精神

有些学生在学习的过程中对于知识的了解只是停留在表面，不去深入探究知识的源头，以致自己的学习成绩始终无法提高。想要提高学习成绩，立志考进北大清华的学生在学习时就必须要有“打破沙锅问到底”的精神。

“勤学善问”就是对“打破沙锅问到底”这句话的最好诠释，在面对不容易理解的知识点时要及时地请教。在论语中有这样一句话：“知之为知之，不知为不知，是知也。”意思是说，知道的就说知道，不知道的就说不知道，这才是真正的大智慧。在现实生活中，有很多学生因为害怕同学的嘲笑而不懂装懂，课后也不对学习进行深入研究，最终导致的结果就是他们的学习成绩远远地落后于其他同学。那些想考进北大清华读书的学生要想实现理想，只有在学习的道路上不停地探索，在遇到问题时勇于向他人请教，才能让自己在知识上不存在盲点。

“勤学善问”也是学习当中的重要方法，分为“勤学”和“善问”两个部分。“勤学”就是多学习课本上的知识，因为课本上的知识是最基础的。它是我们现实生活中的无数知识或前人的经验汇聚、柔和、提炼的结果。有很多历史名人多次强调勤学的重要性，比如我国古代优秀诗人杜甫曾经说过：“读书破万卷，下笔如有神。”

想要考进北大清华的学生除了要学好课本知识以外，还可以通过参加一些丰富多彩的社会活动获取知识。人们通常把通过参加社会活动所获得的知识称为“无字之书”。在参加社会活动的过程中想要获得知识，就必须会看、会听、会问、会想。虽然有些知识和技巧是在课本上学不到的，但只要我们善于请教一些有经验的人，便能掌握这些知识。

“善问”就是在遇到不懂的问题时要虚心地向他人请教。孔子就曾教育他的弟子要不耻下问，《弟子规》当中也曾提到过：“心有疑，随札记，就人问，求确义。”可以说，善问是古今中外学习大家的不二法宝。

孔子在周游各国后，回到鲁国时正赶上鲁国国君参加祭祖，孔子受邀参加，他不时地向他人询问一些有关祭祖的事情，差不多每件事情都问到了。有人就在背后嘲笑他，说他不懂礼仪，什么都要问。孔子在听到这些议论时说：“对于不懂的事情问个明白，这才是我要求知礼的表现呀。”

卫国有一个大夫叫孔圉，虚心好学，为人正直。当时的卫国有一个风俗习惯，即在统治者或者有地位的人去世以后，给他起一个谥号，以示对他的尊重。所以在孔圉死后，当地人给他起谥号——“孔文子”。

当时孔子的一个学徒听到这件事以后十分生气，他认为孔圉还有很多不足的地方，就气呼呼地跑去问孔子：“老师，孔文子为什么可以被称为‘文’呢？”

孔子回答道：“敏而好学，不耻下问，谓之文也。”意思是说，孔圉聪明而好学，不会因为向地位比自己低的人或者学术不如自己的人请教而感到羞耻，这就是人们用“文”给他做谥号的原因。

聪明的人往往比普通人更明白勤学好问对自己的意义。三国时的诸葛亮是智慧的化身，没有人不佩服他的聪明才智，然而他却经常和部下说，他的智慧是来自于他经常向部下和老百姓请教而得来的。为此，他还专门写了一篇名叫《教于军师长史参军掾属》的文章，其中讲到：“夫参属者，集众思，广忠益也。若远小嫌，难相为复，旷阙损余……”大概意思是，丞相府现在急需幕僚，就是为了汇集大家的智慧来做好工作。如果只考虑个人地位的得失，不敢向下级人员请教，那么缺点和损失会越积越多。

我国古代著名的散文学家、学者宋濂就是一个勤学善问的人。宋濂很爱读书，遇到不明白的问题总要刨根问底。有一次，宋濂为了弄清楚一个问题，冒雪行走数十里，去请教早已不再收学生的梦吉老师，不巧的是当时老师没有在家。宋濂并没有放弃，几天以后他再次登门拜访，梦吉老师依然没有接见他。当时天气非常寒冷，宋濂在老师的门前一站就是好几个时辰，以致他和他的同伴都冻得瑟瑟发抖，宋濂的脚趾也被冻伤了。当他想要第三次拜访梦吉老师时，他的朋友纷纷劝他不要去了。宋濂摇摇头说：“如果不把这个问题解决的话，我连睡觉都睡不踏实。”这一次当他走到老师家门口时却掉进了雪坑中，幸亏被人及时救起。

当宋濂几乎晕倒在梦吉老师家门口的时候，梦吉老师终于被他的诚心所打动。他耐心地解答了宋濂的问题并破例收其做了学生。当有人问梦吉老师为什么收宋濂当学生时，梦吉老师的回答是："是他勤学善问的精神打动了我。如果他能得到好的指导，将来一定会有所成就。"后来，宋濂果真在文学上有很高的成就。由于他不仅学识渊博，还写得一手好文章，所以他被明太祖朱元璋赞誉为"开国文臣之首"。

就读于清华大学光华管理学院工商管理专业的魏淑贤是2010年黑龙江高考状元，他在学习上有一个特点，那就是遇到难题时从来不在第一时间去找老师，而是先自己摸索出一套解题方案，然后拿着这套解题方案和老师讨论，让老师指出方案的不足之处。

魏淑贤是这样介绍自己的学习方法的："当遇到难解的题时，没有解题思路时，我会在脑子里过一遍，想想以前有没有遇到过与之相类似的问题。如果没有的话，我会先试着看一下题目的最终答案，然后以此为目标找寻解题思路。等到得出答案的时候，我会拿着这套方案给老师看，让老师指出我的不足之处。"

有着"清华学神"之称的吴佳俊从小就有很强的求知欲，有刨根问底的精神。在初二的一次物理考试卷上出现过这样一道题"在室内，用热风吹一只蘸了酒精的温度计，它的示数会怎么变"，正确答案是先升高后降低。他对这个答案不是非常理解，然后去找老师，听了老师的解释后，他还是心存疑虑。最后，他回到家中就找出家里的温度计和吹风机，亲自做了实验。通过实验，他证实了答案的正确性，而他的好学精神也深深打动了他的物理老师。

在当今社会，知识的更新速度越来越快，因此作为现代人一定要具有"打破沙锅问到底"的精神，只有通过勤学善问，才能不断地取得进步，不断地吸收新的技能和知识，这样才能适应当今社会的发展潮流，不被时代所淘汰。而想要考进北大清华的学生更应具备这种精神，因为这种精神可使他们想方设法地弥补自己在学习过程中的不足，从而不断提高自己的学习成绩。

抓住薄弱环节，一补到底

随着高三复习的深入，有一些学生在学习上的薄弱环节会渐渐地暴露出来。想要考进北大清华的学生对这个问题必须要重视起来。那么，这些薄弱环节是怎么产生的呢？下面就为想要考进北大清华的学生总结十条造成学习上出现薄弱环节的具体原因和解决办法。

原因一：喜欢做一些有难度的题，而忽视有针对性的训练。

有些学生在学习上取得一点成绩后，就容易沾沾自喜，盲目自大。为了向别人证明自己的能力，往往会选择做一些比较偏的题目，而对于那些有针对性的基础练习题往往表现得不屑一顾。其实，如果做一些包含高考的重点和热点内容的专项基础训练习题，可以取得事半功倍的学习效果。在做基础训练习题时，学生可以找出自己在学习当中的薄弱环节，针对薄弱环节进行专项训练，扫除障碍。

清华大学的魏少严同学认为，只有牢固掌握基础知识、常规方法，才能在考试中做到以不变应万变。不要刻意追求难题，即使是尖子生，也不要花费大量的时间做偏题、难题和怪题。

解决办法：重视基础训练，在学习过程中淡化个人英雄主义。

原因二：忽视课本基础知识，盲目采用题海战术。

在学习过程中学生最容易产生的误区就是忽视课本基础知识，盲目采用题海战术。其实，这也是许多学生学习成绩提高不了的原因之一。有些同学天天在做题，但学习却未达到预期的效果。有的时候，学生对于课本基础知识还处于模棱两可的状态，经过题海战术以后，很容易造成对错误知识的默认和巩固，这样一来，不仅徒劳无功，还会事与愿违。

清华大学的陈汉同学认为，高考复习要回归课本基础，不用去做太多的练习题。要多做不同类型的基础题，而且在动笔写的时候一定要注意规范表述。

解决办法：以课本基础知识为学习重点，在做练习题时要有选则性地去做，不要重复做同一类型的练习题。

原因三：忽视知识结构的系统性，没有把知识贯穿起来。

高考复习效率低下的最主要原因就是没有重视知识结构的系统化。不把各个部分的知识系统串联起来，每个知识之间就会孤立地存在，就很难找出自己在复习时的薄弱环节，也容易造成对于有些知识点重复多次地复习，以及对于有些知识点没有复习或者复习的次数很少的情况出现。而且，如果不把知识系统串联起来，学生就很难掌控自己的学习进程。所以在第一轮复习结束以后，想要考进北大清华的学生应在梳理知识的基础上，找出各个知识点之间的逻辑联系，形成完整系统的知识网络。

清华大学计算机系的李炜同学说，通过简单的知识归纳，不仅可以梳理知识，还可对今后遇到的一些难题提供一种可行有效的解题思路。比如，当你遇到难题时，一时之间想不到它的具体解题方法，而有了那个凝练的总结，就可以通过总结来联想其他的相关部分，从中找出正确的解题方法。

解决办法：对知识进行梳理，找出其中的线索，形成知识网络。此外，还要紧抓考试大纲。

原因四：学习过程中面面俱到，不懂抓知识重点。

每个学生希望自己的每门功课都能取得进步，但人的精力是有限的，不可能做到面面俱到。想要考进北大清华的学生在学习时要有所侧重，要有的放矢地学，不能盲目地学。在第一轮复习结束时，应当找出学习重点来学。这里所说的重点包括两个方面：一方面是对重点学科的学习，比如江苏省的考生可以把复习的重点放在语数外这三个科目上；另一方面，学生要对各个知识板块当中的重点内容进行学习，在梳理知识的过程中要有所侧重，在做题时要做到精益求精。

解决办法：在学习的过程中要懂得取舍，找出知识当中的重点内容，有的放矢。

原因五：没有形成适合自己的学习方法。

有些成绩处于中上等水平的学生喜欢模仿成绩好的学生的学习方法，认为他们的学习方法一定是有效的。诚然，学习成绩好的同学的学习方法值得借鉴，但是大家要明白，他们的学习方法不一定适用于每一个人。所以，想要考进北大清华的学生应该结合自身的特点选用适合自己的学习方法。如果没有一套适合自己的学习方法就很容易造成成绩停滞不前的状况，从而形成“高原现象”（高原现象是说明学生现用的学习方法的潜力已经用尽，没有了太大的突破）。

解决办法：在学习的过程中要勇于探索不同的学习方法，结合自身的学习习惯找到正确的学习方法。

原因六：忽视总结的重要性。

有句话说得好“学会了总结就学会了学习”，而在现实的学习生活中总结的重要性往往会被学生忽略。什么是总结？总结的本质就是对知识进行收集、归纳、升华的过程，它能帮助学生提高探究和创新的能力。

北京大学学生龚玥认为，每次考试不用去管考了多少分，考出自己的真实水平就好。在平时的学习过程中一定要重视总结，最好是每天做一次总结。

解决办法：学会定期对学习进行总结，查漏补缺，及时弥补 。

原因七：学习没有计划性，没有科学地利用时间。

那些学习成绩优秀的学生往往都是一些善于利用时间学习的人，他们能够合理地安排时间，并且能够重点系统地学习。有很多学生不了解时间规划的重要性，整天东碰一下西碰一下，学习没有目的性。这样的学生很难进入的良好学习状态，而一份好的时间规划可以帮助想要考进北大清华的学生将学习规律和所要用的时间完美地结合在一块，在学习上做到有条不紊。

在高三复习时，清华大学的学生刘耀阳将复习计划分为阶段性计划——着重安排某一段时间的复习的大体安排；短期计划——学生可以具体安排这一段时间的学习计划，它具有很强的操作性和实施性，一旦形成就不要轻易地变动，否则很难达到预期的效果；即时计划——将学习当中的一些零碎时间安排学习任务。即时计划是三种学习计划中最有效率的，也是最让学生有成就感的一种计划。

解决办法：在复习之前要制订一个学习计划，并严格按照学习计划的内容执行。

原因八：偏科严重，对于喜欢的科目认真学习，对于不感兴趣的科目漠不关心。

有些学生在学习时带有非常严重的感情色彩——有时会因为不喜欢这门科目而不学，有时会因为不喜欢任课老师的教学方法而不学……切记，不管是出于哪种原因，学生都不应该把个人的感情因素带到学习中来。

解决办法：要着重学习自己有弱势或者不喜欢的学科，因为在学习的道路上单条腿走路是走不远的。

原因九：重复地犯同样的错误，成绩无法得以提高。

对于学生当中普遍存在的重复犯同一错误的问题，北京大学的黄芳同学有独到的对策："在平时的学习时，我有一套独特的学习方法，那就是在错题当中'淘金'。每次考试出现错题时，我都会立刻去寻找错误的原因。有很多同学会认为选择题出错的原因是自己没有把知识点记牢，而且他们会错误地认为一道选择题就考一个知识点。其实现在的高考通常不会只考某个知识点，往往是把几个知识点糅合在一起考。通过高考试题的这一特点，在复习时我会更加注重知识的系统性，在答题时更注重针对性。在知道做错一道题以后，我会把错题分为答错的客观题和没有答完整的主观题，认真反思，加强对知识点的巩固以及它与其他知识点之间的联系，明确错题的层次，了解需要运用哪些基础知识和技能。同时，还要检查在审题和答题规范方面的欠缺。"

清华大学的谢若嫣同学在高三复习时，非常注重对错题的整理，而且每科都有独立的错题集。在整理错题时，她十分注重技巧，她不是把错题一字不落地记录在本子上，而是把题干浓缩成一句话记在本子上，这样将来复习时就会方便很多。

解决办法：认真总结答错题的原因，在每次的错误中得到进步。

原因十：没有良好的心理素质。

有些学生在高考前患得患失，把自己弄得特别紧张，甚至病倒。这样，很容易造成学生在考试中发挥失常。清华大学光华学院的李文华教授指出，良好的心理状态是决定一场考试成败的决定性因素。

解决办法：在考试前调整好心态，把高考当作一场普通的考试。

寻找内在联系，让知识“触类旁通”

学习的过程就是将知识从片面到全面、从浅入深的过程。我们所学的知识之间都有很大的关联，所以，学生应寻找知识点内部的联系，在学习时做到融会贯通。清华大学光华学院的李文华教授曾经说过：“智慧，不过就是用大脑组织起来的具有记忆性的知识体系而已。”这说明组织好知识体系对于学生学习知识是非常有帮助的。

知识体系从严格意义上讲是指知识是具有内在联系的，并且这些内在联系是有规律可循的。通过这些规律可以把各种知识之间建立一种完整的、系统的结构。掌握知识间联系的规律性，可以帮助想要考进北大清华的学生获得更多的知识。构建知识体系可以帮助学生了解学科的纵向联系，使学生具有触类旁通的能力。

可以说，构建知识体系的主要目的是为了加强记忆。人在积累知识的过程中会逐渐形成自己的一套独特的思维方式。在以后的学习过程中遇到问题时，首先会被这套思维方式过滤和拷问。新学到的知识也会被快速地纳入原有的知识贮备当中，并与其他的知识融会贯通，形成一体 。所以，建立一套知识体系是很有必要的。

具体来说，建立知识体系具有以下几个方面的好处。

（1）有利于引起学生关于新知识的兴趣和知识的迁移。2001 年，法国诺贝尔奖获得者让·马里·莱恩在北京大学演讲时说道：“一位优秀的学习者善于利用过去的功课来帮助理解现在的功课，并且善于利用目前所学的功课巩固以前所学习的知识。”把过去的知识与现在的知识联系起来，把以前掌握的知识和技能和新学的知识联系起来，可以有效地将知识进行迁移，提高学习效率。

（2）有利于学生准确地掌握知识的基本概念。有些科目的基本概念比较抽象，往往不太容易被学生理解，这样学生就很难抓住其内涵要点和特质，从而影响学生的学习。

（3）有助于辨别、比较所学的知识，加深对知识的记忆。“有比较才有鉴别”，有很多知识是分布在不同的章节当中的，想要单独理解它们是非常困难的一件事。而如果把它们串联起来理解，就会容易很多。例如生物课本上的“呼吸作用”和“光合作用”，当两个概念分开时，学生们不太容易理解，但是两者联系在一起，从物质和能量转换的两个方面进行比较时，就容易理解多了。

建立知识体系，不仅能够使知识更加有条理，还能使学生在这一过程中提高学习能力。

建立知识体系适用于任何科目的学习，尤其是像数学这种逻辑性很强的科目，容易形成一个纵横交错的立体知识网。那么，怎样才能找出数学知识点内部的联系呢？下面就为那些想要考进北大清华的学生总结几条找出数学知识点内部联系的方法：

①迁移法。迁移指的是将已经学到的知识和方法，对即将要学习的新知识和新方法的影响。数学知识的系统性特别强，新的知识往往是以前所学知识的延续，由以前所学的知识当中发展而来。所以，在学习数学时，要抓住数学的这一特点，充分利用迁移的规律，学会用以往所学到的知识去学习新的知识，在知识迁移的过程中梳理知识的内在联系，触类旁通。

②联想法。联想是根据事物之间存在的某种特定联系，当看到一个事物时会想到另一事物的过程。想要考进北大清华的学生在学习时一定要从知识的一个“点”出发，运用不同的角度、不同的方法寻找知识的内在联系，形成知识网络，系统地掌握知识结构。

③操作法。用具体的模型将知识内部联系展示出来，有助于学生更加直观地掌握知识间的逻辑关系。

④对比法。数学当中有很多知识点是互逆的，比如有理数和无理数。在学习数学时，一定要善于运用对比法，通过对比法将知识内部的联系展示出来。这样，大家能更好地理解它们之间的联系和区别。

⑤归纳法。把分散的知识归纳在一起，通过比较和沟通揭示他们的内在联系，将许多零碎的知识点总结归纳成一个完整的知识网络，便于学生加深对知识的理解，将所学到的知识融会贯通，并且熟练地运用。

⑥多解法。多解法要求学生在解题时要从不同的角度分析问题，这样有助于沟通知识间的内部联系。

2013 年宁夏回族自治区的高考文科状元徐晓佳在高一时的成绩并不理想，有一次模拟考试中她的成绩下滑到了年级第 100 名。针对这种情况，她的班主任李老师告诉她知识是相互联系的，后面的知识只是前面知识的延续。在老师的帮助下，她逐步建立起了一个完整的知识体系。

徐晓佳建立知识体系的具体做法是：第一步，在大脑中建立一个知识的“书架”；第二步，将“书架”上的知识进行分类；第三步，当遇到有些知识不能很好地融入“书架”时，回头检查“书架”的结构是否合理；第四步，重复第二步和第三步，直至将所有的知识完美地融入“书架”当中；第五步，定期对“书架”结构进行“维护”，使它源源不断地吸收新的知识；第六步，对于“书架”上的知识的使用和验证，有了知识体系就可以根据知识体系中不同知识的内在联系，发现更多的知识规律，我们可以把这些知识带到练习当中进行检验，最终实现知识体系的扩大。

通过建立知识体系，徐晓佳的学习成绩不断地得到提高，并且最后顺利地考进了她梦寐以求的清华大学。

孙曦虽是 2011 年江苏省的文科高考状元，但是她的数学成绩一点也不亚于理科班的同学，很多次数学考试她都考到了 130 分以上，她还曾经参加过学校数学竞赛的辅导。在数学的学习上她有一套独特的方法，她说：“在高三复习到第二阶段，我把高中三年的数学课本拿过来，把目录快速地扫一遍，把内容相似的归纳到一起，找出它们的内在联系和共同点，把这些知识点归纳总结成一条完整的知识点。因为在高考试卷上不会一道题只考一个知识点，往往是一道题中集中了好几个知识点。在把知识点融会贯通的过程中还锻炼了语言表达能力，这对于语文的学习也是很有帮助的。”

Chapter 13

时间管理法：

自我管理是做好时间管理的基础

鲁迅在北京大学任教时曾经说过这样一句话：“生命是以时间为单位的，浪费别人的时间就等于谋财害命；浪费自己的时间就等于慢性自杀。”是的，合理有效地利用时间可以拓宽人的生命，相反，浪费时间则会缩短生命。立志考进北大清华的学生要想在高考中取得好的成绩，学会时间管理是至关重要的。

时间管理的内容包括很多方面，首先学生要利用好课堂上的时间，要学会向课堂 45 分钟要效率；其次，要合理地安排课后的学习时间，学会自我管理，有效地自我管理是时间管理的基础；最后，要学会利用一些辅助工具，进行时间管理，比如方格纸时间管理法等。总之，只有高效合理地进行时间管理，学生的学习效率才会得以快速提高。

抓住时间，向课堂要质量

课堂学习是学生的主要学习途径，而课堂也是学生和老师交流想法的主要阵地。在课堂上学生通过老师的讲解学习并理解新的知识，同样老师可以通过课堂上与学生之间的互动，了解学生在学习过程中所遇到的困难，及时地帮助他们解决困难。因此说抓住课堂上的学习时间，也是学生提高学习效率的重要途径。而如何高效地利用课堂学习时间，则是摆在学生和老师面前的一个重大难题。下面就为想要考进北大清华的学生总结几条高效利用课堂学习时间的方法。

（1）预习。想要考进北大清华的学生可以在老师上课之前把所要学的内容预习一遍，把在预习过程中所遇到的问题记录下来。在听课时带着这些问题听课，这样学生可以目标明确、有针对性地学习。在预习时，所要学习的新内容可能会涉及到上节课所学的内容，所以预习不仅是对新知识的预习，也是对以前所学知识的回顾。孔子说："温故而知新，可以为师矣。"其实，预习也是将旧知识与新知识相连接的过程，也只有这样，才能将所学的新知识纳入到以前所建立的知识体系当中，将它们融为一体，形成新的知识结构。

（2）听课时要全神贯注。根据对系统论的研究可以得出这样一个结论：学习新知识或者新技能的过程其实就是一个接收信息、加工信息、储存信息、反馈信息再到接受新的信息的循环过程。在上课时，这种循环的过程不只发生一次，而是会发生很多次。课堂学习效率的高低取决于信息渠道的畅通和信息活动的质量。学生在课堂上听课的过程就是一个信息接收的过程，是信息活动中的第一步。学生在听课的过程中能否做到全神贯注，直接影响他们所接收信息的质和量，从而影响他们在整个学习过程中的学习效率。

所谓全神贯注地听课，就是学生在上课时注意力要高度集中，充分调动身体的所有感官参与课堂学习。一个善于学习的学生可以在枯燥的课堂学习当中找到大脑的兴奋点，使大脑始终保持思路清晰的状态。在上课时，学生可以把注意力全部集中在预习时所遇到的难题上，集中精力搞清老师讲课时的思路；在老师讲到自己已在预习过的知识点时，可以让大脑适当地休息一下，以达到调节大脑兴奋点和抑制身体机能的作用。

（3）认真思考问题。正所谓“思则明，不思则暗”，如果在学习的过程中没有进行思考，学生就很难理解新概念和新知识以及掌握新旧知识之间的联系，就很难提高听课效率。其实，在学生的学习过程中学习和思考本身就是辩证统一的，是相互交替进行的。学习是接收和储存信息的过程，而思考是判断和处理信息的过程。所以说在学习的过程中，学习是基础，思考是发展。爱因斯坦就曾经说过：“问题的提出往往要比解决它更为重要。因为解决一个问题不过是依靠较高的数学计算能力或者是很强的实验技巧而已，即使是普通人经过数次的计算和实验也会取得成功，得到最终的答案；而提出一个新的猜想或者一个新的理论，却需要很强的创造力和想象力，需要人利用大脑全部的智慧和自身所积累的知识从已有的事物或者已有的理论当中，发现新的问题或者新的理论。不仅如此，一个新猜想或者新理论的提出是人类科学进步的重要标志。”所以想要考进北大清华的学生在听课的过程中一定要积极认真地思考问题，思考所学内容的来龙去脉，从而更好地与以前所学的知识联系起来。

（4）理清老师的讲课思路。老师的讲课思路是指老师在讲课的过程中所运用的思维形式、思维方法以及思维规律。学生在听课的过程中不能仅满足于把新学的知识弄懂、学会，更应该把老师讲课的思路理清。理清老师讲课的思路的意义在于在学习知识的同时，学习如何运用一种正确的思维方式来解决问题，以此达到提高学习能力的目的。

2007 年贵州省理科高考状元以 703 分考入清华大学建筑系，他曾经说过：“我听课的目的，就是把自己的思维方式与老师的思维方式进行对比，找出差距，培养自己的思维能力。”由此可见，理清老师讲课时的思路对于一个学生取得好的成绩有着至关重要的作用。无数的事例也证明，在上课时，理清老师上课的思路是那些考进北大清华的学生共同的学习方法。

（5）记好课堂笔记。在课堂上记笔记，不仅可以帮助学生加深对所学知识的理解和记忆，而且利于学生在课后复习和巩固所学的新知识。所以记笔记也是学生提高听课效率的一种方法。学生在记笔记时尽量要用简短的语言，但是表达的意思一定要清晰明确。这样才能减少学生记笔记的时间，达到提高听课效率的目的。

2012年辽宁省高考理科状元张昊全以690分考入清华大学电气工程自动化专业。他谈高考的成功秘笈时，说道："要学会在课堂上淘金。"

在被问到具体怎么做时，张昊全解释道：

"大家都知道，听课的效率会直接影响学习成绩的高低。认真听讲不只是一味地听老师讲课，如何高效地听课也是一门很大的学问。

首先，我会在老师讲课之前，先把这节课要讲的内容预习一遍，在预习时，我会把以前的笔记放在面前，以便找出它们之间的联系。预习可以让我在听老师讲课时不会一头雾水，更重要的是能快速地理解老师所要讲的内容。

其次，是要抓住老师讲课时的重点。什么是老师讲课时的重点呢？我觉得是老师在课堂上反复强调的地方。通常老师在讲到这些内容时，声音会不由自主地提高，而且会讲得特别的细。在这个时候，学生就应该竖起耳朵听老师讲课。如果一个学生从头到尾都听得很认真，把所有的内容都往脑子里塞，结果就是一节课上完就跟没上一样。由此可见，抓重点是多么重要。

然后就是记笔记了。以前我也觉得记笔记是一件特别简单的事情，什么都不用想，老师在黑板上写什么，就在笔记本上记什么。其实，这样做非但起不到记笔记的作用，还会影响听课的效率。

笔记是一节课的见证，记好笔记更是一门学问。笔记应该记些什么呢？我觉得记一些老师在课堂上补充的例题是很有必要的。通常情况下，这些例题都是比较经典的，而且都是历久弥新的题。在记录例题时我觉得把题干记下来，然后把解题思路记下来，相对于记录具体的解题步骤而言是比较重要的——当学生弄清一个解题思路后就可解出很多相同类型的题目。当然，具体的解题步骤是没有必要全记的，在最后把答案记下来就可以了，这样可以节省更多的课堂学习时间，也有助于学生保持思维的连贯性，进而降低学生上课走神的概率。

第三，如果学生在上课时遇到没听懂的地方，一定要及时地举手提问，在课堂上要及时地把问题解决。虽然也可以课后请教同学，但是同学毕竟没有老师讲解得明白，而且思路也没有老师的思路清晰。有的时候有一个知识点没弄明白，就会造成一连串的知识点弄不明白，进而导致整个知识体系很难建立起来。因此，在课堂上学的东西必须当天消化吸收。其实，在课堂上举手提问，也是学生和老师进行交流的一种重要方式。另外，课后经常和老师交流一些事情与一些学习心得也是很有必要的，你会因为和老师进行交流而了解他的讲课方式和技巧，进而喜欢上他所教的科目，并用心地去学那个科目，最后的结果就是学习成绩整体得以提高。”

自我管理是做好时间管理的基础

通常意义上的自我管理，是指人对于自身的目标、理想、行为和心理等方面进行自我约束管理，对个体进行管理、约束和激励，最终实现自己人生目标的过程。对学生来说，就是学生在学习的过程中，控制好内心除学习以外的欲望，做到集中所有的精力用于学习。

北京大学心理学系副教授魏坤琳在讲课时总结出了学生在自我管理方面需要注意的八项原则。

（1）目标原则。学生不管在学习的哪个阶段，都必须要有一个通过努力就可以实现的学习目标，因为这样的学习目标可以成为学生在学习的过程中不断进步的动力。一个切实可行的学习目标不仅可以激励想要考进北大清华的学生努力学习，而且在完成一个学习目标时可以树立和增强学生对于学习的自信心。

（2）效率原则。据清华大学教育科学院的一项研究报告表明：人在一天的工作和学习当中至少有 1/3 的时间用于无效的工作和学习，这就在无形当中浪费了一些宝贵的时间。所以，想要考进北大清华的学生在进行自我管理时，要本着提高效率的原则，合理地安排时间，尽可能按照计划进行学习。这样，学习的时间就会变得宽裕，学习效率也会随之提高。

（3）成果原则。想要考进北大清华的学生在进行自我管理的过程中，坚持成果原则是很重要的。在完成学习任务的时候，都要事先考虑这项学习任务会产生什么样的效果，对实现学习目标有什么帮助？如果不能及时地完成会造成什么样的影响？总之，成果原则也是进行自我管理的一个重要原则。

（4）优势原则。在学习的过程中，想要考进北大清华的学生必须要清楚自身存在的优点和缺点。在学习的时候，要充分地利用自己的长处和优势来完成学习任务，这样做可以收到事半功倍的效果。

（5）重要事情优先做的原则。做任何事都要分轻重缓急，当然学习也不例外。学生在学习的过程中可以根据事情的重要程度把所要完成的任务分为 ABC 三个档次，应该花费更多的时间和精力去完成 A 类学习任务，进而达到提高学习效率的目的。

（6）决策原则。学生在进行自我管理时的第一大忌就是：在需要做决定的时候优柔寡断。快速地进行决策并对这个决策坚决贯彻执行，可以让学生进行有效的自我管理。学生的优柔寡断只会造成时间的浪费和学习效率的低下。

（7）检验原则。邓小平曾经说过："实践是检验真理的唯一标准。"学生的学习目标是否正确，也需要实践来检验。想要考进北大清华的学生在学习的过程中要坚持"以人为镜"的原则，善于征询周围同学的意见和建议，善于借鉴周围同学的一些好的学习方法，通过对比他们的学习效果和自己的学习效果来检查自我管理的效果如何。

（8）反思原则。学生在学习的过程中需要定期地进行自我反思：一方面检查自己学习目标的完成情况，另一方面分析自己在自我管理的过程中存在的问题，从而制定出调整和改正的方案，保证自我管理健康、顺利地进行。

学生进行自我管理的意义在于可以提高学生的自我约束能力。清华大学教育科学院的一项研究表明：学习好的学生通常都有自我管理能力和自我约束能力，他们能把精力集中放在学习上，在学习的过程中做到心无旁骛。所谓的自我约束，就是学生有目的地控制自己的情绪和欲望，不受外界的影响，专心致志地从事某项工作的能力。这种能力可以帮助想要考进北大清华的学生及时发现和反馈学习当中所遇到的问题，并能根据学习目标及时对所制订的学习计划进行合理的调整。可以说，自我约束能力是一个优秀学生取得好成绩必备的要素之一。

自我约束能力是中学生顺利完成学业并在高考当中取得一个理想成绩的一种保障。现在的中学生心智都不是很成熟，对这个色彩斑斓的世界充满了好奇，而且性格比较叛逆，容易冲动，稍不注意就会误入歧途，给学生自身、家庭，甚至社会带来不可磨灭的伤害。立志考进北大清华的学生想要顺利地完成学业，并且在高考当中取得好成绩，就必须增强自我约束的能力，抵制住外界不良诱惑的影响。当然，较强的自我约束力并不是与生俱来的，而是要通过学生后天不断地锻炼积累而来的。历史上有很多科学家、哲学家和文学家，都是通过对自我约束力的培养，最终在各自的领域取得非凡的成就的。

中学生的自我约束是学生进行自我管理的前提条件和基础。虽然学校可以从制定学校规章制度等外力方面来约束学生的行为，但是学生的自我管理还是要依赖于学生本身，因为学生是进行自我管理的主体和实施者。通常学生对于学校的规章制度都是一知半解，并没有深入了解学校规章制度的真正内涵和意义，如果学生没有较强的自我约束力，就很容易对学校的规章制度产生依赖，而当学生走出校门步入社会的时候，没有了学校规章制度的约束，就很容易迷失方向，误入歧途，甚至会走向犯罪的道路。所以说，学生应培养自身的自我约束能力。

2012 年深圳市理科榜眼鉴澎以总分 711 分考进北京大学化学系，他的高三班主任王老师在提到她的这位得意门生时一脸笑容地说：“鉴澎的学习主动性很高，他也非常重视休息时间和学习时间的安排，自我管理做得非常好，所以他的学习效率也特别高。”

鉴澎在介绍自己的学习经验时说：“在高三的学习过程中，学生的自我管理是非常重要的。进行自我管理的最终目的是实现有效的时间管理，而有效的时间管理能使学习时间变得充裕，进而提高学习的效率。我一般在制订学习生活计划的时候以‘周’为单位，并根据每周完成的进度进行适当的调整。可以这样说，周密的学习计划是我在高考当中取得好成绩的关键。”

管理好时间，才能提高学习效率

新华词典中对于时间管理的定义是：事先规划并运用一定的技巧、方法和工具实现对时间灵活有效地运用，从而实现个人和组织的既定目标。而现在 MBA、EMBA 等主流商业教育都把时间管理能力作为企业管理者的一项基本要求。

我国东晋诗人陶渊明曾用“盛年不重来，一日难再晨；及时当勉励，岁月不待人”的诗句来勉励自己要珍惜时间。时间管理对于学生的意义在于避免浪费时间，尽量在短时间内完成更多的学习任务，从而提高时间的使用率和学习效率。

那么，想考进北大清华的学生应该怎样合理有效地管理时间呢？这需要他们在进行时间管理时做到以下几点：

（1）设立明确的目标。设立明确的目标是进行时间管理的第一步。一个人取得成功的过程就是不断完成目标的过程，而时间管理的目的就是为了让学生在短时间内实现更多的学习目标。在新学期开始时，想要考进北大清华的学生可以在本子上写下这个学期里的所有学习目标，然后找到里边最核心的目标，按照重要性依次排列，再根据每个学习目标制订出一套详细的计划，最后严格按计划执行。

（2）列出任务清单。在学习时如果不列出一张任务清单，就很容易遗漏一些比较重要的学习任务，从而导致学生不能及时地完成学习任务，影响学习效率。

（3）20 ：80 定律。即用 80% 的时间做 20% 非常重要的事情。有些学生在平常的学习当中会把很多的时间用于不重要的事情上，比如重复地练习一种类型的习题，在做笔记时把书上的内容全部抄下来等，这样做不但浪费了时间，而且学习效率也不高。把重要的事情排在前面做，可以有效地避免由于一些突发状况造成不能按时完成原定计划的情况，实现时间的有效管理。

（4）做好时间日志。想要考进北大清华的学生可以在一天结束的时候，将每件事所用的时间都详细地记录下来，从中找出在哪些事情上浪费了时间，以便于今后改正。

（5）端正态度。态度决定一切，拥有一个好的时间管理的态度是想要考进北大清华的学生进行时间管理的关键。只有想要进行时间管理，学生才会积极地去寻找时间管理的方法和技巧。

时间管理的方法具体有以下几种：对目标、任务等按事情的重要性进行排序；把一些比较大的任务进行细化，然后逐个攻破；相似的事情可以放在一起处理，利用思维的连贯性在短时间内解决所有的问题；不要把学习时间排得满满的，应该留出一些时间来应付突发事件，如果没有发生突发事件，可以利用这些时间进行体育锻炼；每做一件事都要给自己限定一个时间。

浙江省2013年高考理科状元周晨，以770分（浙江省高考满分810分）考入清华大学生命科学学院。她在回忆高三生活时说："高三的课程紧张、考试频繁，这使不少同学一天到晚心急如焚，手忙脚乱。这主要是因为他们在时间安排上没有计划。"

那么，周晨又有什么好的方法来安排时间呢？周晨说：

"高三的学习时间无非分为两大块：上课的时间和自习的时间。上课时间是学校固定的时间，学生基本不可能改变，所以学生能否取得好成绩关键在于能否合理安排并利用自习的时间。在高三的时候，每天除去上课的时间，早晚各有一个半小时的时间进行自习。如果以一个半小时为复习的时间单位的话，那么每个月就会有60个这样的学习单位，我在制订一个月的学习计划时，通常会这样分配这些时间：语文13个，数学12个，英语12个，化学6个，物理6个，生物5个，机动6个。基本上做到立足全局，兼顾各科。"

从周晨的时间安排上，可以总结出以下几条结论。

（1）周晨的时间安排是以月为时间单位的。学生在读高三时临时安排的活动较多，负担较重，所制订的学习计划要经常进行调整。比如，学校突然临时通知下个月进行模拟考，那么，这肯定会占用这月大部分的复习时间。所以，学生在高三制订学习计划时，应尽量以月为时间单位，这样可以有效地应对一些突发的状况，使学生从容不迫地面对学习，同时也可以使学生所制订的学习计划不脱离现实的学习。

（2）以主课为主，各科兼顾的方式安排时间。因为在高考中，各科所占的分值比例有高有低，所以想要考进北大清华的学生在学习的过程中，要分主次地学习。从周晨的时间安排上看，用于语、数、外的学习时间高达37个学习单位，几乎是其他三科总和的两倍。因为在浙江省的高考中，语、数、外的分数总和是450，而其他三科加上自选的部分的总分是360分。

（3）周晨在制订学习计划时就留下了6个单位的机动时间，保证了学习的可塑性和弹性。虽然这些时间不多，但足以让她在执行计划的过程中应对突发的状况，而不至于手忙脚乱。

周晨还强调说，虽然计划赶不上变化快（应当根据具体的情况对学习计划随时进行调整），但是，计划一旦确立，就要坚定地执行下去，不要轻易改动，特别是在临考前的两个月。

合理利用时间，实现高效时间管理

有很多学生误以为时间管理就是简单地安排自己的日常事务，这种想法并没有完全明白时间管理的含义。那什么是时间管理呢？通俗地讲，时间管理就是对时间进行规划，在有限的时间内做更多的事情。在进行时间管理的过程中需要学生重视总结和调整，而这就需要有一个系统完善的时间管理的理念贯彻学生学习的整个过程。在进行时间管理时，想要考进北大清华的学生首先要明白以下几点：时间管理可以让学生高效地利用时间，降低时间的变动性；时间管理的最终目的在于让学生清楚地明白在学习时什么事情是可以做的，什么事情是不可以做的，什么样的时间该做什么样的事；时间管理的最大功能就是对学生的学习进行规划，在学生的学习过程中起到一个指引的作用。学生只有在明白这些内容以后，才能更好地进行时间管理。

学生在学习的过程中，会受到外界的各种干扰，有些学习任务不能及时地完成，从而影响学习效率，而时间管理就可以有效地避免这样的事情。下面就为那些想要考进北大清华的学生介绍几种有效进行时间管理的方法。

（1）根据兴奋规律进行时间管理。一个人不可能一天都保持着高度兴奋的状态，肯定会有情绪高涨的时候和情绪低落的时候。想要考进北大清华的学生可以将一些比较重要的事情放在自己情绪比较高涨的时间段完成，而在情绪比较低落的时候可以适当地放松一下或者做一些不重要的事情。比如在一天当中，早上的时间更适合于用来记忆，晚上的时间适合用来做练习题。了解自身的兴奋规律，就可高效地进行时间管理，从而提高学习效率。

（2）要改变对时间管理的态度。有些同学认为时间多的是，没必要挤那一星半点的时间；甚至还有一些同学认为，只要知道自己一天要干什么事就可以，认为时间管理本身就是在浪费时间……这些想法都是错误的，虽然学生在对时间进行管理时，需要花费一定的时间来思考哪些时间该做什么事，但这些时间对于进行时间管理所节省出来的时间是微不足道的。据北京大学脑科学与认知科学研究中心的一项研究表明：学生每花费一分钟进行时间规划，就可以节省四分钟的执行时间。进行时间管理的另外一个重要的理由是时间管理具有强制性。虽然学生可以在脑海中大概安排一天当中要做的事情，但是这样容易受到外界事物的影响，导致遗漏一些比较重要的事情，也不利于检验时间的使用情况。如果学生可以把时间管理计划写在一张纸上，执行起来就会顺利很多，因为人更容易接受具体存在的事物，而不是存在于大脑中无形的事物。

（3）做好心理上的准备。有效的时间管理还必须要有强大的心理素质，不要因为一两次的失败就对时间管理失去信心，从而放弃时间管理。如果一个学生在进行一段时间的时间管理后没有成效的话，就应该马上回过头来检查自己的时间安排是否存在不合理的地方。如果有，要立即改正。很多有效的时间管理方案都是在一次又一次的失败教训中总结出来的，并非一蹴而就。想要考进北大清华的学生在进行时间管理后的一段时间以后如果发现是有效的，可以适当给自己一些奖励，使自己在心理上得到满足感和成就感，进而以更加积极的状态投入到下一阶段的学习当中。

（4）要有持之以恒的毅力。在进行时间管理的时候，持有“三天打鱼两天晒网”的态度是不可行的，必须坚持到底，时间管理才会真正地发挥它的功效。因为时间管理具备长期性，即进行时间管理要经过很长的时间才能显现出效果。学习就是要打持久战，在学习的过程中只有那些坚持到最后的人才是胜利者，才能考入自己想要报考的大学。

陕西省2005年高考理科状元冯宇宁以729分考入清华大学理学院，而在一年前，冯宇宁却以14分之差与北京大学失之交臂。

冯宇宁在回忆起那段时间时说：

“当时真的非常绝望，觉得三年的辛苦奋斗就这样付诸东流，心里非常不甘心，不甘心就这样与自己理想中的大学无缘。但又不好意思跟父母提复读的想法，因为家里已经一贫如洗，而且为了供我上学，两个姐姐早早地就辍学外出打工了。如果我复读的话，就会给家里带来不小的负担，而就算复读，万一成绩还不如这次怎么办呢？那段时间我经常失眠，最后是我爸让我回去复读，我还清楚地记得我爸对我说的一句话：既然不甘心就回去复读，不要让自己的人生有遗憾。于是，我决定复读，为了让我复读家里把新收的麦子给卖了，一家人吃的是去年留下来的麦子。”

说到这里，冯宇宁的眼眶有些湿润。停顿了几秒后，他说：

“所以在高四的一开始，我就下定决心一定要好好学习。高四前一个月我每天只睡两三个小时，每天晚上都用手电筒在被子里看书。过了一段时间同寝室的同学向老师反映，我翻书的声音太大，影响了他们的休息。当时的班主任杨天旭老师找我谈了一次话，就是这次谈话让我醍醐灌顶般清醒。在谈话的过程中杨老师用自己上学时的经历来鼓励我要坚持自己的梦想，并且直接建议我可以尝试时间管理的方法学习，那是我第一次听到‘时间管理’这个词汇。

在杨老师的帮助下，我试着把一周的时间安排了一下，除了上课的时间和做练习巩固的时间，我还安排了一些时间来复习高一、高二的知识，可能是经历过一次高考，我知道高一、高二的知识点在高考试卷上所占的比重非常高，特别是对于理科来说。除了学习时间，我还给自己每天腾出半小时的慢跑时间和半小时的英语听力时间，如果遇到下雨天，我会在走廊上静静地站上半个小时。在这半小时内，我的身体和心理都会得到异常的放松。因为白天和晚自习的时间都被排得满满的，所以我一般利用熄灯后的时间进行英语听力的训练。这样的时间安排一直持续到第一学期结束。

因为高三的新知识都在上半学期学完了，所以下半学期的主要学习任务就是复习和做练习题。由于在上半学期，我已经把高一、高二的知识点复习了一遍，所以复习对于我来说非常轻松。因为学习任务的改变，所以原来的时间安排不适合现在的学习了。因此，我又重新制订，并且对学习时间进行了安排，在新制定的学习时间计划中有两项是保留下来的，那就是每天的慢跑时间和英语听力时间，因为高三的下半学期是没有体育课的，所以每天进行慢跑是很有必要的，这样可以让我处在一个健康的身体状态。除了慢跑的时间，被保留下来的还有英语听力时间。

复读就意味着将高三所有的事情重新再做一遍，在做练习题和高考真题时也会经常遇到以前做过的题目，所以在做这些题时，我总是会不自觉地拿以前的心态和现在的进行比较。渐渐地，我就没有了这样的想法，和普通的应届生一样了。所以我奉劝那些复读的同学千万不要把自己当作高四的学生，这样只会使自己的心理压力过大，从而影响考试的正常发挥。同时也没有必要妄自菲薄，只要踏踏实实地完成学习任务就可以了。”

方格纸时间管理法，让时间变得更加宽裕

所谓的方格纸时间管理法，就是用尺子在空白纸上画出很多方格子（这有点像我们平时经常用的台历），然后把一天中的时间分成若干个时间段，按时间的顺序往方格里填写每个时间段所需要做的事情，以此来控制做不同事情所需要用的相关时间。使用方格纸时间管理法的目的就是提高办事效率，力争在短时间内做出更多的事情。有些学生在面对很多需要解决的事情时，往往都会变得手忙脚乱，不知如何下手，而方格纸时间管理法的

优点之一就是，让事情变得有条理，让想要考进北大清华的学生有条不紊地完成一天所要完成的学习任务。

合理地运用方格纸进行时间管理，不仅可以让想要考进北大清华的学生获得较高的学习效率，而且还可以在一天的学习结束以后，根据表格检查自己一天时间的使用情况，找出一天当中被浪费掉的学习时间，以便在第二天的表格当中进行弥补，提高时间的使用率。

那么，一个好的时间表格要设置哪些内容呢？如果表格中的内容太过烦琐，不仅不会起到表格应有的效果，还会造成时间的二次浪费。不仅如此，如果学生将表格当中的内容填得过满，还会造成学生的学习时间缺乏弹性，在遇到一些突发状况的时候，学生就会手忙脚乱，因此也就失去了绘制表格的意义。如果表格中的内容过于简单，没有具体到某件事，就容易遗忘重要的事情，出现火烧眉毛、慌慌张张赶时间的情况。所以想要考进北大清华的学生在绘制时间管理的表格时，需要结合自身的学习习惯，合理有效地进行时间安排。那么，怎样才能高效地绘制时间管理表格呢？下面就为大家总结几条那些已经考进北大清华的学生在绘制表格时的一些经验。

（1）尽量和学校的课程表相一致。学校给学生排的课程每天都不同，这样做的目的在于充分调动大脑的积极性，提高学生的学习效率，避免学生因长时间地学习一门课程而导致大脑产生疲倦感。想要考进北大清华的学生在绘制时间表格时，要尽可能地和学校的课程表相一致。这样做的原因有两点：一是可以及时地复习当天所学的内容，在短时间内加深对所学内容的记忆，二是因为课程表的编排有一定的科学性，所以根据课程表所编制的时间管理表格也具有一定的科学依据，对提高学习效率有帮助。

（2）表格中的内容要分轻重缓急。想要考进北大清华的学生想要同时学习所有的科目，并且把它们全都学好是不切实际的。在一天的时间管理表格中，学生可以用不同颜色的笔标出急需要解决的学习任务，然后在状态最佳的情况下完成它，这样可以取得事半功倍的效果。

（3）内容一定要简洁明了，尽可能直观地表达学习任务。想要考进北大清华的学生在绘制时间管理表格时，可以把同种类型的学习任务集中到一起完成，也可以用一种颜色的笔标注一门科目所要用的所有时间，比如预习、上课、复习以及巩固。这样做的目的是为了让学生在复习多门科目时，能一目了然地知道所需要完成的学习任务，然后有计划地完成，提高学习的效率。

（4）时间尽量要固定。在一天当中，有些时间是固定不变的，比如每天的晚自习时间；有些时间是可以通过人为来控制的，比如午休的时间以及第八节课下课到晚自习上课的这段时间。在绘制时间管理表格的时候，要尽量把能固定下来的时间段固定下来。如果学生做到在执行时间管理表格时把临时做决定的情况尽可能地减少，那么学生的时间管理表格就是有效的。

（5）充分利用零碎时间。一个学生利用时间的具体表现就在于这个学生是否会合理利用零碎的时间。比如学生可以在预习和复习的过程中制作大量的单词卡片和记忆卡片，在一些不起眼且比较零碎的时间段进行学习，这样可能会产生意想不到的效果。比如，学生可以在排队打饭时记忆单词或者古诗词；可以利用等车和坐车的时间，来练习英语听力，长此以往，英语水平就会在不知不觉中得到提高。

（6）尽量安排课外活动。学习固然很重要，但是适当地休息也是必不可少的。正所谓“身体是革命的本钱”，拥有良好的身体才是想要考进北大清华的学生取得好成绩的根本保证。所以要尽量地安排一些课外活动，比如慢跑、写学习日记、读一些有助于学习的课外读物。

表格时间管理法并不是一成不变的，想要考进北大清华的学生可以根据所处的时间、环境和学习任务的不同需求，适当增减表格中的内容，以此提高时间利用率，最终让时间更好地为学习服务。合理利用表格时间管理法可以延长学生的学习时间，这样提高学习成绩当然就是自然而然的事情。

2010年天津市的文科高考状元刘笑语以672分考入北京大学经济管理学院金融系。在学习的过程中，刘笑语就是一个名副其实的时间管理达人。她在绘制时间管理表格时，通常只会在表格中填写七至八项学习内容，而不会把一天的时间安排得满满的，会留下一些时间用于解决突发状况。下表就是刘笑语在高二某天的时间安排。

时间	内容
5：00~5：40	洗漱、晨跑
5：40~7：00	背诵英语第十课的单词
7：00~8：00	吃早饭、预习今天上午所要学习的内容
12：00~14：00	吃饭、午休、预习下午所要学习的内容
17：00~18：00	吃晚饭、在操场上休息一下并适当地做些运动
18：00~2：:30	复习当天所学的所有内容，通过做练习题加以巩固所学内容
21：30~22：30	洗漱、与同学交流学习心得，在脑海中大致回顾一下今天所学的内容

合理地管理时间是刘笑语能够在高考当中取得好成绩的制胜法宝。方格纸时间管理法在刘笑语看来是一种简单易学的学习方法。她说："刚开始接触方格纸时间管理法时，也是抱着怀疑的态度。我是抱着反正也不吃亏的心态，尝试着做了几天时间规划。经过一个星期的体验，我发现我的学习效率明显比以前提高了不少，而随着绘制表格的经验增多，表格里的内容也逐渐丰富起来。"

在刘笑语的学习经验中可以得出这样的一个结论：想要让自己的学习有成效，关键在于要学会合理地管理时间。所以，想要考进北大清华的学生也要善于管理好时间，勇于做时间的主人，这样才能让时间更好地为我们服务，才能在高考中取得好成绩，进入理想的大学。

虽然并非每个在学业上取得成功的学生都是用的时间管理法，但是每个善于进行时间管理的学生肯定会在学业上取得成功。时间管理不仅可以帮助学生养成珍惜并善于利用时间的习惯，还能帮助学生改正做事拖拉的坏习惯。

Chapter 14

思维导图法：唤醒大脑沉睡的空间

思维导图是由英国著名的记忆大师托尼·巴赞吉根据人的大脑的发散性思维模式创制的一种有效的思维工具，是适用于学生学习过程中所有环节的思维“地图”，可以帮助学生提高学习效率和培养发散性思维。截至目前，我国应用思维导图已经有 20 多年的历史，在国内很多著名的大学，像北京大学、清华大学等都很注重学生导向思维的培养。不仅是这些高校，现在许多大型企业也纷纷在组织员工学习思维导图。

绘制思维导图，可以让学生在学习的过程中充分开发大脑空间，开发大脑智慧，提高学习能力。运用思维导图可以为学生带来超高的学习效率和清晰的学习思路，将有些“不懂”的信息直接装进学生的大脑，并帮助学生快速地理解和消化这些难以理解的信息。

如何绘制自己的“心智图”

思维导图又被称为“心智图”，是一种表达发射性思维的高效的图形思维工具。它虽然简单，但是十分有效，是思维工具的一次创新。思维导图非常注重图文并重的技巧，将各个层次的主题之间的关系用上下隶属与相关联的层级图表现出来，把主题当中的关键词与颜色、图像等元素建立记忆链接。思维导图可以充分利用左右脑的不同机能，在掌握阅读、思维、记忆的规律的同时，帮助学生保持学习与方法、逻辑与想象之间的平衡发展，从而开发人的大脑的无限潜能。因此，人类思维的强大功能在思维导图上可以充分地表现出来。

众所周知，放射性思维是一种人类大脑的最自然、最原始的思考方式。在所有资料进入大脑的时候，无论是记忆资料还是感觉资料抑或是人的感觉，都可以成为一个思考的中心，并从这个中心向外发散出成百上千的关节点，每个关节点都与中心密切地联系着，而且每个关节点也可以作为一个思考中心，并向外发散出成百上千的关节点，最后形成放射性的立体结构。

那么学生在学习的过程中怎样有效地制作思维导图呢？下面就以思维导向图做读书笔记为例，具体介绍如何制作思维导向图。

（1）阅读图书。阅读图书是制作思维导图的第一步，正所谓“巧妇难为无米之炊”，如果不进行图书阅读，制作思维导图就无从谈起。如果阅读的一本书是理论性比较强的，而当中的章节的连贯性不是很强，学生可以在每读完一章内容以后就进行一次整理；如果阅读的一本书是整体性比较强的，学生就可以在短时间内快速阅读整本书以后，再制作思维导图。在做读书笔记思维导图时，学生可以根据所阅读图书的难易程度进行判断。

（2）构建图书框架。在制作思维导图时，可以将图书的目录直接放到导图当中，也可以从中摘录一些比较重要的章节。这样做的主要目的是在思维导图中清晰地反映图书中应当被重视的部分，进而构建这本书的知识框架。

（3）摘录书籍当中重要的内容。学生可以将书中重要的内容录入思维导图当中，也可以把自己摘录、思考的内容部分录入思维导图当中。在录入时可以适当地用一些简洁明了的语句进行录入。但有时，有两种内容是必须全部录入思维导图当中的，一种是与图书框架和论证相关的内容；另外一种是与图书框架和论证没有关联的内容。这两种内容都可以在导图当中相对应的节点下建立一个分支，但是必须要说明的是这类分支不能作为另外的中心。

（4）调整框架分析方式和分类方式。人们阅读图书的目的通常是为了了解作者的思路或者是为了学习一项技能，所以人在阅读图书的时候，就非常关心作者的思路和整本书的框架结构。比如学生在阅读本书时，会更加关心书中介绍的一些学习方法，因此，可以在这一基础上构建一个思维导图的框架。

（5）细化每个节点的内容和逻辑性。在建立思维导图的框架以后，可以对每个分支下的内容进行精简，使其具有很强的逻辑性，而在理清这些句子的逻辑关系后，一个层次分明、逻辑清晰的思维导向图就自然而然地形成了。

（6）将“杂项”中的内容进行处理和归档。无论书本上再怎么优美、富有深意的内容，这些都不属于学生自己的，学生只有在理解的基础上才能将书上的内容转化成自己的东西。因此，在思维导向图制作成以后，学生就要对导向图里的内容进行处理，明确哪些内容是可以放在前面整理出的框架当中的，哪些内容是可以从框架当中摘除出去的。

2010年河北省高考状元刘长佳以636考入北京大学光华管理学院金融专业。

在谈到学习方法的时候，刘长佳特别强调了笔记的重要性，但他可不是用传统的记笔记的方法，他用的方法就是思维导图法。他说：“第一次接触思维导图法是在高一的时候，那时正值寒假，在家看电视，而电视里正好在播放对比尔·盖茨的专访。在专访当中，比尔·盖茨提到了思维导向的方法，于是我就上网查了一下，发现这种方法不仅适用于商业，而且同样适用于学习。传统的记笔记的结构像一棵树一样，每个知识点之间的联系不够深入，但是思维导图法就像一张蜘蛛网一样，每两个知识点之间都有连接点。

思维导图：唤醒大脑沉睡的空间

早在1997年，比尔·盖茨就在他的《未来之路》中提到："智能机器人和思维导图将会是下一舞台中人类获取信息的重要途径。"思维导图可以有效地将所有的知识和重要的想法连接起来，并加以深层次地分析加工，从而更大限度地使用大脑沉睡的空间。

在现实生活中，经常会听见一些学生抱怨自己的脑子不够用，记不住太多的东西。其实，解决这个问题的唯一办法就是学生要时刻保持清晰的学习思路。保持一个清晰的思路，不论是在工作当中还是在学习当中，都十分重要。思维导图可以非常直观和快速地将学生的学习思路理清，使学生在学习的过程中做到中心思路明确、突出主题、内容丰富。那么，思维导向是怎样帮助学生理清学习思路的呢？

（1）思维导图可以帮助学生梳理思路。学习过程中时刻保持清晰的思路是一件非常重要的事——只有拥有清晰的思路才能高效率地学习。思维导图是一个使用立体结构图的方式帮助学生梳理思维的图式工具。

（2）思维导图可以帮助学生准确把握所学内容的重点、关键和本质。在制作思维导图时，主要提取的是文章当中的关键词。为了提取关键词，学生会不断地对所学内容进行归纳、总结和思考，最终找出一篇文章或者一个知识点的关键内容，从而提高学生的归纳总结的能力。

（3）思维导图可以帮助学生进行发散性思考。思维导向本身的结构就具有发散性，所以在制作思维导图时可以在无意当中培养学生用发散性思维去思考问题。人与生俱来的惰性，使人们不愿意去研究和发现新的学习方法，但现实的情况却是其他的学习方法更加简单、有效。所以有一种可以引导学生进行发散式思维的学习工具就很有必要了，而思维导图就是这样的一个学习工具。

（4）思维导图可以帮助学生进行系统深层次地思考。学生在学习比较难学的知识点时，很难进行有效的思考。在学生学习的过程中，记忆和思考是可以一起进行的，而且在学习的过程中，边记忆边思考，可以取得事半功倍的效果。思维导图就是这样的学习方法，可以让学生边思考边用导图记忆知识点，这样就会在很大程度上提高学生的思考效率。

（5）思维导图可以锻炼学生的图式思考。据北京大学脑科学与认知科学研究中心的一项研究表明：人对于图像记忆的效率要远远高于对文字记忆的效率。思维导图本身就是一张立体的思维图像，可以鼓励学生利用图像、图标、图形、符号等来进行做笔记。使用思维导图可以充分开发学生的右脑功能，锻炼学生图像的思维能力，提高学生的学习效率。

思维导图也可以帮助学生提高记忆力，思维导图可以帮助提高记忆力主要体现在两个方面：一是利用思维导图整理要学的内容时，可以帮助想要考进北大清华的学生快速抓住内容的重点和快速整理清楚内容之间的逻辑关系，进行逻辑联想记忆；二是可以利用思维导图中的各种元素激发人的右脑兴奋的元素，比如空间感、颜色、符号等。

利用思维导图记忆知识点有以下几点好处：（1）节省更多的时间，据北京大学脑科学与认知科学中心的一项研究表明，和传统笔记记忆法相比，利用思维导图来记忆知识可以节省 50%~90% 的时间。（2）可以使学生集中更多精力去研究、学习内容中最核心的内容。（3）所有的关键词并列在导图中，学生可以灵活地组合，进而有助于提高学生的创造力和改善学生的记忆力。（4）便于学生在学习的过程中对关键词之间进行联想。（5）在制作思维导图的过程中，学生一直会处在一个不断发现新内容的过程中，因此思维可以得到不间断地“流动”。（6）唤醒大脑皮层的记忆，让大脑接受新事物的能力越来越强。所以说，作为辅助工具的思维导图为想要考进北大清华的学生提供了一种“十拿九稳”的记忆方法。中国古代人经常说“书山有路勤为径，学海无涯苦作舟”，可是在当今社会当中，一个好的学习方法才是书山中的道路，才是学海中的小船，而思维导图学习法是可以使学生一生受益的学习方法。

重庆市 2006 年高考文科状元蔡妮岑以 683 的高分考入清华大学光华

管理学院，其中文综成绩更是接近满分。对于文综的复习她有一套独特的学习方法，那就是利用思维导图的方法进行目录式记忆。关于文综政治上的大题的回答，她有自己独到的见解："在回答政治大题时，老师要的往往是某个答案点。点到为止是我总结历年高考真题答案得出的一条规律，其结构就是重要的知识点+少量带材料的分析。因此，政治答案就是要精确，不必用过多的笔墨，但是一定要全面，多写一些与材料有关的知识点也是一个在政治考试当中拿分的重点。有些政治知识点的记忆是记要点，对于这些知识要点千万不可以用自己的语言进行阐述，一定要用书上的原话。在考试当中，在回答与这些要点相关的题目时，如果不用标准的政治语言是很难拿到高分的。还有些知识点，一定要熟练地背诵，就比如自主创新的作用当中的'四个支撑'要背得滚瓜烂熟。"

下面是蔡妮岑的具体做法。

（1）不要直接背所要记忆材料的内容，可以根据书的目录绘制一个思维导图。这样就大概地建立起了知识体系，各历史事件之间的关系也就清楚了，对整本书的理解也就更加深刻。想要考进北大、清华的学生在背诵小标题时也会对历史知识有一个全新的领悟，这一点是直接背诵历史知识学不到的。

（2）要分阶段地背。例如可以将 1840 到 1864（即从鸦片战争到太平天国运动失败）划分成一个阶段"中国开始沦为半殖民地的封建社会"，而这个阶段的主要特点就是过渡性，这个阶段主要发生的事件有：第一次鸦片战争、第二次鸦片战争、太平天国运动以及新思想的萌芽。这种划分的方法可以用于中国古代史、中国近代史和世界史。当然，如果能把这种划分方法和课本上的顺序结合起来背效果会更加明显，因为这样做既可以保持知识的连贯性，又可以分清每个阶段的历史事件。

（3）闭目回想法。在休息的时候，轻轻地闭上眼睛，在脑海中回想书中的画面（刚进入高三复习时，这个方法可能操作起来有点吃力，但是如果能坚持下来就会变得容易很多），在有空白的地方要及时地进行补充，仔细地把这个知识点的"盲区"扫描一遍，然后再继续闭上眼睛回想。到了高三复习的后半学期，想要考进北大清华的学生可以把高中所有的历史书找出来放在面前，闭上眼睛快速地回想。通常情况下，这个回想的过程不会超过 20 分钟，使用这种方法对于复习历史知识特别有效。

开发大脑智慧，提高学习能力

思维导图可以被用在人们生活和工作的方方面面，其中包括写作、沟通、学习、演讲、会议等，而使用思维导图可以为学生带来较强的学习能力和清晰的思维方式。通过制作思维导图可以更好地锻炼和提高学生的思维能力，其中包括主次思维、条理性思维、系统思维、图像思维、发散思维等。

那么，思维导图是如何帮助学生提高思维能力，开发大脑智慧，从而提高学生的学习能力的呢？

（1）思维导图采用的是关键词搜索方式，这可以在很大程度上节省学习时间。有时，学生会因为找寻资料而花费大量的时间，从而造成学习效率降低。而采用思维导向的方法可以有效地避免这样的问题，只要在导图里搜索关键词，就会很快找到自己所需要的内容。

（2）思维导图可以提高学生的思考速度。通常情况下，大脑思维的速度要快于学生书写的速度，在平时的学习过程中，学生由于要记录的内容太冗长，导致书写的速度拖慢了思考的速度。由于思维导图使用的是关键词记录，所以就大大提高了学生的书写速度，从而提高学生的思考速度。

（3）思维导图可以让所学的知识内容之间的联系更加清晰。传统的线性笔记法，都是按照一定的顺序进行记录，没有办法直观地将知识点联系起来。而思维导向图因为是一种立体的图示工具，所以可以方便简洁地体现各个知识点之间的联系，而且可以利用一些箭头、直线等特殊的符号将各关键词和对应的概念连接起来，所以在对所记的内容理解上也会更加地深刻，也有助于学生的思考。

（4）思维导图可以让思考的条理更加清楚。在学生绘制思维导图时，一般都是按照顺时针方向进行绘制，顺时针的顺序就是思考的条理性。在画完一个分支之后再绘另外一个分支，这样可以保证学习思路不分散，更容易进行下一步的思考。

（5）思维导图可以帮助学生更深入地思考。由于受思维导图的结构影响，学生在思考时也是如同导图的结构一样层层深入，而且学生可以根据导图中的一个分支进行更加深入地学习。这里需要特别指出的是，学生进行深层思考的依据是导图的条理结构而并非是导图的层次结构。

（6）思维导图可以使学生更好地集中注意力。一张思维导图可以在很短的时间内制作完成，在制作思维导向图期间，学生可以高度集中，进而提高了学习效率。思维导图因为使用了关键词搜索的方式，学生在制作的时候更愿意去动脑思考，而且色彩艳丽的思维导图可以让学生的大脑更加活跃，也更有利于学生提高思考效率。

宁夏回族自治区 2008 年理科高考状元来思源以 668 分考入清华大学经济管理学院金融专业。当得知自己是宁夏回族自治区的理科高考状元的时，他觉得不可思议。他说："我请班主任帮我在网上查的分数，因为我不敢自己查，当班主任打电话通知我我考的分数时，我有点不敢相信。"虽然来思源是宁夏回族自治区的高考状元，但是对于这次高考他还是有不满意的地方。他说："我唯一不满意的地方就是，我觉得这次的理综考试没有发挥出自己正常的水平。特别是化学的部分，有些常见的题目都做错了，这些如果是放在平时的考试当中，我肯定会回答得很好，可能是因为心理压力太大的原因吧，在高考的试卷上就没有答上来，所以感到非常遗憾。"

很多人会认为来思源能拿到状元的桂冠纯属幸运，但是这些人一旦了解了他学习方法和他所付出的努力，就会立刻明白来思源能考出那么好的成绩绝非偶然。在初中三年和高中三年当中，他几乎包揽了宁夏回族自治区的所有竞赛的第一名。唯一的一次失利就是在高二的时候，他代表学校参加宁夏回族自治区的奥理化生竞赛获得了第二名，这也是他在参加竞赛过程中少有的第二名。他在高三最后四次的模拟考试当中，分别得了 651 分、660 分、678 分和 698 分。可以说，这四次的模拟考试也为他的高考打下了坚实的基础。

在谈到学习经验时，来思源说自己并没有什么特别的方法，只是在平时学习时喜欢用一些图形来记忆知识点。他进一步解释说："其实我用的就是思维导图的方法，因为我以前有绘画的功底，所以我绘制思维导图的过程特轻松。可以说，利用思维导图可以理清学习时的学习思路，让头脑时刻保持着清醒的状态。绘制思维导图还可以帮助学生找出在学习的过程中的一些薄弱环节，也可以帮助想要考进北大清华的学生更好地利用学习资料，提高学习成绩和学习效率。特别是理科科目的学习，就拿数学来说，数学里的知识点之间具有很强的逻辑关系，因此容易建立完整的知识体系。”

将“不懂”的信息直接装入大脑

人的大脑分为左脑和右脑，左脑擅长语言组织，右脑擅长艺术创造。学生在学习的过程中，如果能充分发挥左右脑的功能，那么学习起来就会轻松很多。

而思维导图学习法就是一种将左右脑进行充分开发的学习方法，但是它不是一种复制别人的思维模式的学习方法，而是一种重在强调学生在学习的过程中要使用自己独特的学习思维来思考问题的一种方法。它能使学生根据自身的学习情况，运用思维导图更好地解决学习过程中所遇到的问题。

思维导图是一种更好、更全面的学习方法。如果学生在学习的过程中，只是运用线性思维来思考问题的话，有可能会错过一些重点知识点，而思维导图使用的是发散式的思考方式，可以让学生更加全面地思考和解决问题。

思维导图的模板不是一成不变的，学生在使用它时可以根据自己的学习习惯和规律，来调整它的格式，也可以对其中的内容进行删减和填补，直到达到自己的学习目的为止。

英国公开大学商学院国际管理教授基恩·布拉德来（Keith Bradley）曾经说过：“大脑的力量是人类未来取得成功的金钥匙。”是的，人的大脑蕴含着无穷无尽的力量，而思维导图就可以做到将学生在学习过程中“不懂”的知识点直接装进学生的大脑。英国剑桥大学心理学教授东尼·博赞在创造思维导图时说过：“思维导图是一种新型的思维模式，它结合了全脑学习的概念，其中包括右脑的图像、颜色、空间、想象、整体，以及左脑的数字、文字、条例、逻辑、顺序等。”学生通过绘制心智图，不但可以增强思维能力，提高记忆力和注意力，更重要的是可以启发学生的联想能力和创造能力。

简单来说，学生的思维扩散类似于参天大树，从主干上升，依次衍生出不同的枝干，在枝干的上面又可以衍生出若干个树枝和树叶。思维导图就如同有序搭建的枝繁叶茂的枝干——多而有序地排列着。简而言之，思维导图就是一种开发学生的思维潜力、提高学生的思维能力的简单高效的学习工具和方法。

（1）据清华大学心理学与认知科学研究中心的一项研究表明：学生在学习和沟通的过程中，文字的影响力只占其中的7%，语音、语调占其中的38%，肢体动作占55%！而思维导图就能使学生的思维和肢体动作有效地联系在一起，达到高效学习的目的。

（2）一般来讲，学习可以分为三个层次：“知道”“悟道”“做到”。学生在学习的过程中，仅是“知道”是远远不够的，“知道”不“悟道”所学的知识是不会在学生的脑海里根深蒂固的，而“悟道”却没有“做到”，学习也是不具有价值的。学生只有在学习的过程中，将“知道”“悟道”和“做到”三者完美地结合起来，才能更好地学习知识，才能在考试中取得好的成绩。

（3）人的学习过程需要一种人与人之间相互督促、相互交流的良好氛围，而学生在学习思维导图的时候需要系统地强化训练，如果没有专业性的方法指导和大量的应用训练，学生在学习的过程中遇到困难时很容易对思维导图失去兴趣，甚至会放弃它。在系统的训练环境当中，学生所学到的独特学习方法是在其它环境当中学习不到的。

（4）拥有好的学习方法，是学生在考试当中的核心竞争力。时间就是金钱，学习的时间更是千金难买。所以与其花费很长的时间来研究某种超越其他学生的核心专长，还不如在短时间内掌握一种比较好的学习方法，而思维导图学习就是一种好的学习方法——它可以让学生在短时间内学会并且掌握所学的知识点，提高学生的学习效率。

内蒙古自治区 2013 年理科高考状元刘忻泽以 713 分考入清华大学经济管理学院经济与金融专业。

她说，这次高考她之所以能取得这么好的成绩，她首先要感谢的人是高三数学老师周沛耕老师，因为一直以来数学是刘忻泽的“短板”。其实，在初中的时候，刘忻泽的数学成绩相当好，甚至还会代表学校参加一些数学竞赛，并在竞赛当中取得不错的成绩。但是自从进入高中开始，她的数学成绩就不那么拔尖了，特别是在高一、高二的时候。刚开始，她会安慰自己：可能是因为刚升入高中，对于高中数学知识的学习还不适应，而时间一长刘忻泽就发现是自己的学习方法不适合高中数学的学习。于是，她找到了当时的数学老师周沛耕寻求解决办法，周老师给她提供了两种方法来提高数学学习效率：题海战术和思维导图法。

因为当时刘忻泽对于思维导图不是十分了解，所以她就选择了题海战术。可是，经过很长一段时间的做题，她的数学成绩不但没有提升，反而有所下降了。之后在周老师的引导下，刘忻泽开始尝试使用思维导图的学习方法学习数学。通过绘制思维导图，刘忻泽不仅巩固了基础知识，将各个知识点更好地联系在一起，还能对一种类型的题做到触类旁通，并培养了正确的解题思维，找到了学习数学的感觉。

刘忻泽认为数学是最容易出现意外的科目，有很多学生考不好的原因，要么是前面的填空题耗时太多，没有时间做后面的问答题；要么就是前面的填空题做得太快，导致错误率高。所以，刘忻泽在拿到一张考试试卷的时候，通常会大概地将试卷浏览一遍，对于试卷上的难易题的分布做到心中有数，而且她也会根据试卷的难易程度来调整心中的期望值。如果一张数学试卷的题目偏难，她就会降低对自己的要求。总之，刘忻泽就是运用了思维导图的学习方法，再加上良好的学习心态，才能在 2013 年高考当中取得 143 分的数学成绩。